QINHEFENGYUN DIAOLIANGHUADONGYINDOUZHUANG

沁河风韵系列丛书　　　主编｜行　龙

雕梁画栋银窦庄

王丽雯　张明远｜著

山西出版传媒集团　山西人民出版社

图书在版编目（CIP）数据

雕梁画栋银窦庄 / 王丽雯，张明远著. —太原：
山西人民出版社，2016.7
（沁河风韵系列丛书 / 行龙主编）
ISBN 978-7-203-09422-7

Ⅰ.①雕…　Ⅱ.①王…　②张…　Ⅲ.①乡村－古建筑
－介绍－沁水县　Ⅳ.①K928.71

中国版本图书馆CIP数据核字（2016）第101262号

雕梁画栋银窦庄

丛书主编：	行　龙
著　　者：	王丽雯　张明远
责任编辑：	张慧兵
装帧设计：	子墨书坊

出 版 者：	山西出版传媒集团·山西人民出版社
地　　址：	太原市建设南路21号
邮　　编：	030012
发行营销：	0351-4922220　4955996　4956039　4922127（传真）
天猫官网：	http://sxrmcbs.tmall.com　电话：0351-4922159
E-mail：	sxskcb@163.com　发行部
	sxskcb@126.com　总编室
网　　址：	www.sxskcb.com

经 销 者：	山西出版传媒集团·山西人民出版社
承 印 者：	山西臣功印刷包装有限公司

开　　本：	720mm×1010mm　　1/16
印　　张：	12.5
字　　数：	230千字
印　　数：	1-1600册
版　　次：	2016年7月　第1版
印　　次：	2016年7月　第1次印刷
书　　号：	ISBN 978-7-203-09422-7
定　　价：	95.00元

风韵是那前代流传至今的风尚和韵致。

沁河是山西的一条母亲河。

沁河流域有其特有的风尚和韵致，

那悠久而深厚的历史文化传统至今依然风韵犹存。

这里是中华传统文明的孵化地，

这里是草原文化与中原文化交流的过渡带，

这里有闻名于世的北方城堡，

这里有相当丰厚的煤铁资源，

这里有山水环绕的地理环境，

这里更有那独特而深厚的历史文化风貌。

由此，我们组成"沁河风韵"学术工作坊，

由此，我们从校园和图书馆走向田野与社会，

走向风光无限、风韵犹存的沁河流域。

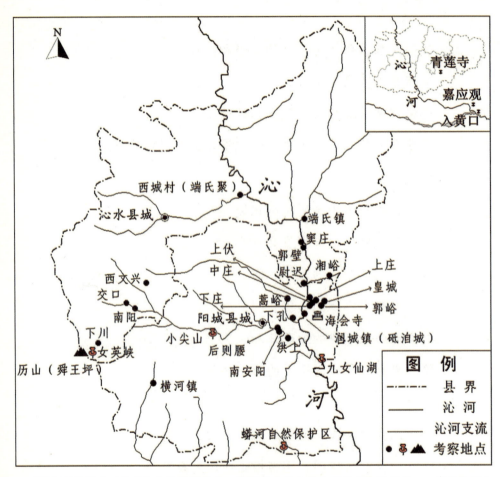

"沁河风韵学术工作坊"集体考察地点一览图（山西大学中国社会史研究中心　李嘎绘制）

三晋文化传承与保护协同创新中心

沁河风韵 学术工作坊

一个多学科融合的平台
一个众教授聚首的场域

第一场

鸣锣开张：

走向沁河流域

主讲人：行龙

中国社会史研究中心 教授

时间：2014年6月20日晚7：30
地点：山西大学中国社会史研究中心（崇知楼）

"沁河风韵学术工作坊" 海报

田野考察

会议讨论

总 序

行 龙

　　"沁河风韵"系列丛书就要付梓了。我作为这套丛书的作者之一，同时作为这个团队的一分子，乐意受诸位作者之托写下一点感想，权且充序，既就教于作者诸位，也就教于读者大众。

　　"沁河风韵"是一套31本的系列丛书，又是一个学术团队的集体成果。31本著作，一律聚焦沁河流域，涉及历史、文化、政治、经济、生态、旅游、城镇、教育、灾害、民俗、考古、方言、艺术、体育等多方面，林林总总，蔚为大观。可以说，这是迄今有关沁河流域学术研究最具规模的成果展现，也是一次集中多学科专家学者比肩而事、"协同创新"的具体实践。

　　说到"协同创新"，是要费一点笔墨的。带有学究式的"协同创新"概念大意是这样：协同创新是创新资源和要素的有效汇聚，通过突破创新主体间的壁垒，充分释放彼此间人才、信息、技术等创新活力而实现深度合作。用我的话来说，就是大家集中精力干一件事情。教育部2011年《高等学校创新能力提升计划》（简称"2011计划"）提出，要探索适应于不同需求的协同创新模式，营造有利于协同创新的环境和氛围。具体做法上又提出"四个面向"：面向科学前沿、面向文化传承、面向行业产业、面向区域发展。

　　在这样一个背景之下，2014年春天，山西大学成立了"八大协同创新中心"，其中一个是由我主持的"三晋文化传承与保护协同创新中心"。在2013年11月山西大学与晋城市人民政府签署战略合作协议的基础上，在征求校内外多位专家学者意见的基础上，我们提出了集中校内外多学科同人对沁河流域进行集体考察研究的计划，"沁河风韵学术工作坊"由此诞生。

风韵是那前代流传至今的风尚和韵致。词有流风余韵，风韵犹存。

沁河是山西境内仅次于汾河的第二条大河，也是山西的一条母亲河。沁河流域有其特有的风尚和韵致：这里是中华传统文明的孵化器；这里是草原文化与中原文化交流的过渡带；这里有闻名于世的"北方城堡"；这里有相当丰厚的煤铁资源；这里有山水环绕的地理环境；这里更有那独特而丰厚的历史文化风貌。

横穿山西中部盆地的汾河流域以晋商大院那样的符号已为世人所熟识，太行山间的沁河流域却似乎是"养在深闺人不识"。与时俱进，与日俱新，沁河流域在滚滚前行的社会大潮中也在波涛翻涌。由此，我们注目沁河流域，我们走向沁河流域。

以"学术工作坊"的形式对沁河流域进行考察和研究，是由我自以为是、擅作主张提出来的。2014年6月20日，一个周五的晚上，我在中国社会史研究中心学术报告厅作了题为"鸣锣开张：走向沁河流域"的报告。在事先张贴的海报上，我特意提醒在左上角印上两行小字"一个多学科融合的平台，一个众教授聚首的场域"，其实就是工作坊的运行模式。

"工作坊"（workshop）是一个来自西方的概念，用中国话来讲就是我们传统上的"手工业作坊"。一个多人参与的场域和过程，大家在这个场域和过程中互相对话沟通，共同思考，调查分析，也就是众人的集体研究。工作坊最可借鉴的是三个依次递进的操作模式：首先是共同分享基本资料。通过这样一个分享，大家有了共同的话题和话语可供讨论，进而凝聚共识；其次是小组提案设计。就是分专题进行讨论，参与者和专业工作者互相交流意见；最后是全体表达意见。就是大家一起讨论即将发表的成果，将个体和小组的意见提交到更大的平台上进行交流。在6月20日的报告中，"学术工作坊"的操作模式得到与会诸位学者的首肯，同时我简单介绍了为什么是"沁河流域",为什么是沁河流域中游沁水—阳城段,沁水—阳城段有什么特征等问题,既是一个"抛砖引玉",又是一个"鸣锣开张"。

在集体走进沁河流域之前,我们特别强调做足案头工作,就是希望大家首先从文献中了解和认识沁河流域,结合自己的专业特长初步确定选题,以便在下一步的田野工作中尽量做到有的放矢。为此,我们专门请校图书馆的同志将馆藏有关沁河流域的文献集中在一个小区域,意在大家"共同分享基本资料",诸位开始埋头找文献、读资料,校图书馆和各院系及研究所的资料室里,出现了工作坊同人伏案苦读和沉思的身影。我们还特意邀请对沁河流域素有研究的资深专家、文学院沁水籍教授田同旭作了题为"沁水古村落漫谈"的学术报告;邀请中国社会史研究中心阳城籍教授张俊峰作了题为"阳城古村落历史文化刍议"的报告。经过这样一个40天左右"兵马未动,粮草先行"的过程,诸位都有了一种"才下眉头,又上心头"的感觉。

2014年7月29日,正值学校放暑假的时机,也是酷暑已经来临的时节,山西大学"沁河风韵学术工作坊"一行30多人开赴晋城市,下午在参加晋城市主持的简短的学术考察活动启动仪式后,又马不停蹄地赶赴沁水县,开始了为期10余天的集体田野考察活动。

"赤日炎炎似火烧,野田禾稻半枯焦。"虽是酷暑难耐的伏天,但"沁河风韵学术工作坊"的同人还是带着如火的热情走进了沁河流域。脑子里装满了沁河流域的有关信息,迈着大步行走在风光无限的沁河流域,图书馆文献中的文字被田野考察的实情实景顿时激活,大家普遍感到这次集体田野考察的重要和必要。从沁河流域的"北方城堡"窦庄、郭壁、湘峪、皇城、郭峪、砥泊城,到富有沁河流域区域特色的普通村庄下川、南阳、尉迟、三庄、下孔、洪上、后则腰;从沁水县城、阳城县城、古侯国国都端氏城,到山水秀丽的历山风景区、人才辈出的海会寺、香火缭绕的小尖山、气势壮阔的沁河入黄处;从舜帝庙、成汤庙、关帝庙、真武庙、河神庙，到土窑洞、石屋、四合院、十三院；从植桑、养蚕、缫丝、抄纸、制铁，到习俗、传说、方言、生态、旅游、壁画、建筑、武备；沁河流域的城镇乡村，桩桩件件，几乎都成为工作坊的同人们入眼入心、切磋讨论的对象。大家忘记了炎热，忘记了疲劳，忘记了口渴，忘记了腿酸，看到的只是沁河流域的历史与现实，想到的只是沁河流域的文献与田野。我真的被大家的工作热情所感染，60多岁的张明远、上官铁梁教授一点不让年轻人，他们一天也没有掉队；沁水县沁河文化研究会的王扎根老先生，不顾年老腿疾，一路为大家讲解，一次也没有落下；女同志们各个被伏天的热火烤脱了一层皮；年轻一点的小伙子们则争着帮同伴拎东西；摄影师麻林森和戴师傅在每次考察结束时总会"姗姗来迟"，因为他们不仅有拍不完的实景，还要拖着重重的器材！多少同人吃上"藿香正气胶囊"也难逃中暑，我也不幸"中招"，最严重的是8月5日晚宿横河镇，次日起床后竟然嗓子痛得说不出话来。

何止是"日出而作，日入而息"，不停地奔走，不停地转换驻地，夜间大家仍然在进行着小组讨论和交流，似乎是生怕白天的考察收获被炙热的夏夜掠走。8月6日、7日两个晚上，从7点30分到10点多，我们又集中进行了两次带有田野考察总结性质的学术讨论会。

8月8日，满载着田野考察的收获和喜悦，"沁河风韵学术工作坊"的同人们一起回到山西大学。

10余天的田野考察既是一次集中的亲身体验，又是小组交流和"小组提案设计"的过程。为了及时推进工作进度，在山西大学新学期到来之际，8月24日，我们召开了"沁河风韵学术工作坊"选题讨论会，各位同人从不同角度对各选题进行了讨论交流，深化了对相关问题的认识，细化了具体的研究计划。我在讨论会上还就丛书的成书体例和整体风格谈了自己的想法，诸位心领神会，更加心中有数。

与此同时，相关的学术报告和分散的田野工作仍在持续进行着。为了弥补集体考察时因天气原因未能到达沁河源头的缺憾，长期关注沁河上游生态环境的上官铁梁教授及其小组专门为大家作了一场题为"沁河源头话沧桑"的学术报告。自8月27日到9月18日，我们又特意邀请三位曾被聘任为山西大学特聘教授的地方专家就沁河流域的历史文化作报告：阳城县地方志办公室主任王家胜讲"沁河流域阳城段的文化密码"；沁水县沁河文化研究会副会长王扎根讲"沁河文化研究会对沁水古村落的调查研究"；晋城市文联副主席谢红俭讲"沁河古堡和沁河文化探讨"。三位地方专家对沁河流域历史文化作了如数家珍般的讲解，他们对生于斯、长于斯、情系于斯的沁河流域的心灵体认，进一步拓宽了各选题的研究视野，同时也加深了相互之间的学术交流。

这个阶段的田野工作仍然在持续进行着，只不过由集体的考察转换为小组的或个人的考察。上官铁梁先生带领其团队先后七次对沁河流域的生态环境进行了系统考察；美术学院张明远教授带领其小组两赴沁河流域，对十座以上的庙宇壁画进行了细致考察；体育学院李金龙教授两次带领其小组到晋城市体育局、武术协会、老年体协、门球协会等单位和古城堡实地走访；政治与公共管理学院董江爱教授带领其小组到郭峪和皇城进行深度访谈；文学院卫才华教授三次带领多位学生赶去参加"太行书会"曲艺邀请赛，观看演出，实地采访鼓书艺人；历史文化学院周亚博士两次到晋城市图书馆、档案馆、博物馆搜集有关蚕桑业的资料；考古专业的年轻博士刘辉带领学生走进后则腰、东关村、韩洪村等瓷窑遗址；中国社会史研究中心人类学博士郭永平三次实地考察沁河流域民间信仰；文学院民俗学博士郭俊红三次实地考察成汤信仰；文学院方言研究教授史秀菊第一次带领学生前往沁河流域，即进行了20天的方言调查，第二次干脆将端氏镇76岁的王小能请到山西大学，进行了连续10天的语音词汇核实和民间文化语料的采集；直到2015年的11月份，摄影师麻林森还在沁河流域进行着实地实景的拍摄，如此等等，循环往复，从沁河流域到山西大学，从田野考察到文献理解，工作坊的同人们各自辛勤劳作，乐在其中。正所谓"知之者不如好之者，好之者不如乐之者"。

2015年5月初，山西人民出版社的同志开始参与"沁河风韵系列丛书"的有关讨论会，工作坊陆续邀请有关作者报告自己的写作进度，一面进行着有关书稿的学术讨论，一面逐渐完善丛书的结构和体例，完成了工作坊第三阶段"全体表达意见"的规定程序。

"沁河风韵学术工作坊"是一个集多学科专家学者于一体的学术研究团队，也是一个多学科交流融合的学术平台。按照山西大学现有的学院与研究所（中心）计，成员遍布文学院、历史文化学院、政治与公共管理学院、教育学院、体育学院、美术学院、环境与资源学院、中国社会史研究中心、城乡发展研究院、体育研究所、方言研究所等十几个单位。按照学科来计，包括文学、史学、政治、管理、教育、体育、美术、生态、旅游、民俗、方言、摄影、考古等十多个学科。有同人如此议论说，这可能是山西大学有史以来最大规模的、真正的一次学科交流与融合，应当在山西大学的校史上写上一笔。以我对山大校史的有限研究而言，这话并未言过其实。值得提到的是，工作坊同人之间的互相交流，不仅使大家取长补短，而且使青年学者的学术水平得以提升，他们就"沁河风韵"发表了重要的研究成果，甚至以此申请到国家社科基金的项目。

"沁河风韵学术工作坊"是一次文献研究与田野考察相结合的学术实践，是图书馆和校园里的知识分子走向田野与社会的一次身心体验，也可以说是我们服务社会，服务民众，脚踏实地，乐此不疲的亲尝亲试。粗略统计，自2014年7月29日"集体考察"以来，工作坊集体或分课题组对沁河流域170多个田野点进行了考察，累计有2000余人次参加了田野考察。

沁河流域那特有的风尚和韵致，那悠久而深厚的历史文化传统吸引着我们。奔腾向前的社会洪流，如火如荼的现实生活在召唤着我们。中华民族绵长的文化根基并不在我们蜗居的城市，而在那广阔无垠的城镇乡村。知识分子首先应该是文化先觉的认识者和实践者，知识的种子和花朵只有回落大地才有可能生根发芽，绚丽多彩。这就是"沁河风韵学术工作坊"同人们的一个共识，也是我们经此实践发出的心灵呼声。

　　"沁河风韵系列丛书"是集体合作的成果。虽然各书具体署名，"文责自负"，也难说都能达到最初设计的"兼具学术性与通俗性"的写作要求，但有一点是共同的，那就是每位作者都为此付出了艰辛的劳作，每一本书的成稿都得到了诸多方面的帮助：晋城市人民政府、沁水县人民政府、阳城县人民政府给予本次合作高度重视；我们特意聘请的六位地方专家田澍中、谢红俭、王扎根、王家胜、姚剑、乔欣，特别是王扎根和王家胜同志在田野考察和资料搜集方面提供了不厌其烦的帮助；田澍中、谢红俭、王家胜三位专家的三本著述，为本丛书增色不少；难以数计的提供口述、接受采访、填写问卷，甚至嘘寒问暖的沁河流域的单位和普通民众付出的辛劳；田同旭教授的学术指导；张俊峰、吴斗庆同志组织协调的辛勤工作；成书过程中参考引用的各位著述作者的基本工作；山西人民出版社对本丛书出版工作的大力支持，都是我们深以为谢的。

引 文

　　2014年暑假，行龙副校长率我校"沁河风韵"工作坊团队，在晋城市管辖的沁河流域做了11天实地考察。随行人员由30多位教授和博士生组成。此行所经之地，主要有沁水县、阳城县和晋城市等周边的一些村镇。行程安排得非常紧凑，白天田野考察，晚上交流讨论。期间烈日当头，酷暑难耐，但一路行来，我们直被那深藏在宽塸大峁之间，却若蛇曲盘行而连绵缀织的一个个古堡和古村镇所震撼，并被其如此丰饶的自然和人文景观所吸引……

　　窦庄，并不是此行最引人注目的古村落，遗存下来的明清民居建筑，远不如已被开发，名声在外的皇城相府、柳氏民居、湘峪古堡那样气派和完整。然而，走进村内那迂回曲折的巷陌，却时有斗拱梁架高耸的大户门楼兀立在眼前。那不事张扬、由高墙围起的一院又一院的旧时四合院，接连不断，层出不穷。据原村委会主任介绍，全村较完整的明清院落有六十多处，如果将一些破损严重的老院子也算在其内，可达七十多处。在村间巷道的两侧，很多宅院的大门做工十分讲究；门首悬立的匾额庄重、古朴，但各有不同；院内大多环建有雕花勾栏二层楼。真是门内有门，院里套院，可谓抬脚进院观采罢，又入深宅看雕花，让人目不暇接。且看那：门前的石狮和门枕石，院内的照壁、墀头，梁架、门窗上的棂格、栏板、檐口和垂花，皆费尽推敲，雕花镂纹，做工精良。虽多已破损，甚至倾圮，但昔日以谦厚传持家道，追求幸福生活，所体现出的典雅与斯文，善良与忠诚的华彩，仍可以让我们穿越那尘封的历史，体味到其中丰富且厚重的审美意蕴。跟随着如数家珍的村委会主任的脚步，见证窦庄昔日那"一户通百门，百门串遍村"的巧妙设计，以及当年因仿效京城建筑而得"小北京"的美称；听闻那一个个久已没世的户主显赫的仕宦经历，受持国家俸禄、经商持家，日进斗银，人称"银窦庄"的传奇故事……这一切，让我们进一步感受到，窦庄人的文化背景和一代代传承下来的人文精神，已藉借着这些巷陌古院中的精彩三雕艺术展现了出来。（图1、图2）

图1　窦庄古村落（麻林森摄）

图2　窦庄旗杆院（麻林森摄）

目　录

CONTENTS

一、山西民居话窦庄

1. 源远流长的山西民居

早在180万年前，山西省就已经有了古人类的活动，著名的西侯度文化，以及后来的丁村文化都产生在这里。及至今日，我省出土的原始文化遗址，已达上百处之多，被公认为是古老华夏文明的发源地之一。由于其具有表里山河的险峻地势和优越的自然资源，为民众自给自足的生活准备了基本条件，因而也成为北方少数民族入主中原的重要门户和阵地，并使其具有了绵亘不断的封建文明发展史。

在21世纪之前，山西还是一交通不便、荒僻山村难及的省份。或许，正是这个原因，使得这里保存着占全国72%以上的自唐至元的古代建筑，以及十分可观的明清建筑，因此获得了"中国古代建筑艺术博物馆"的美名。

我们一般把古代建筑分为皇家建筑、寺庙建筑和乡土建筑三类。山西的建筑遗存，大体属后两类。其数量大，种类多，保存大多完整。从这些建筑的发展年代、建筑技术和装饰风格上看，它们不仅具有鲜明的地域特

图1-1　五台佛光寺东大殿·唐（祁伟成《中国古建筑制作技术·五台佛光寺东大殿》，文物出版社.2007）

图1-2 晋祠圣母殿·北宋

色，且在一定程度上代表了我国古代建筑的民族风格，清晰地反映了我国古代建筑的发展历程及其脉络。

20世纪30年代，梁思成先生在山西发现了佛光寺东大殿，令学界和国人为之振奋——中国"有"了唐代建筑！之后又陆续发现了芮城广仁王庙、五台南禅寺和平顺天台庵大殿，成为耸立在山西大地上全国独有的、时间最早的4座唐代木构建筑。但从建筑的类型上讲，它们均属于宗教建筑。而我国现存的这些早期木构遗物，大多是与村寨、聚落民居不可分割的宗教建筑。（图1-1、图1-2）

民居建筑，则是人类社会最早出现的建筑类型。它首先是为满足人们的定居生存，进而逐渐发展起来的。以致后来，成为具有审美意味的"建筑艺术"。从文化的角度看，民居建筑才是中国建筑和营造技术发展历史的见证。正是聚落民居与神庙，共同构成了人类社会的进步，以及人们的生产、生活、意识形态，以及思想观念、宗教信仰和风俗礼仪的文明。

无独有偶，我国现存年代最早的4座元代木构民居建筑，也发现在我省境内，均具有至少七百年以上的历史。此四座古民居，恰恰都位于我们这次考察的沁河中游地区：高平市陈区镇中庄村的姬氏民居（图1-3），是在1979年的文物普查中被发现的。屋宅前的青石门墩内侧，明确刻有："大元国至元三十一年（1294）岁次甲午仲、姬氏置"的字样。门墩和木质门槛、立颊、门额和窗棂的表面，还刻有清晰可辨的牡丹等花纹装饰。阳城上庄村的3座民居，是在2011年的文物普查中发现的。现已经国家文物部门鉴定，认为可能是比姬氏民居年代更早的元代建筑。（图1-4、图1-5）

然而，打开以往的《中国古代建筑史》，木构建筑的实物遗存起自唐代，而民居建筑的实物，却出自明代。至关重要的是，我们一般将传统木构建筑的实物遗存，分为早、晚两个时期：唐代至元代为早期，明、清以降为晚期。此分期的主要依据是，元、明之际的传统建筑在结构技术和外观造型方面，发生了重大转折，而传统

图1-3 高平市中庄村元代姬氏民居

图1-4 阳城上庄元代民居（麻林森摄）

图1-5 阳城上庄元代民居内部（麻林森摄）

民居没有早期遗存。因此，此4座体量不大、装饰无华、外观质朴、结构简洁的普通民房，弥补了我国元代民居建筑空缺的历史，并对研究我国建筑文化遗产和民居建筑史具有重要意义。

2. 明清时期的山西民居

明清时期，随着经济的发展和生产技术的大幅度提高，资本主义开始萌芽，加之商品流通的活跃以及海外贸易的发展，我国的皇家建筑和宗教建筑艺术，都取得了很高的艺术成就，乡土民居建筑也如雨后春笋，得到了迅猛发展。

人类对于居室的要求，自古以来，恰如墨子所言"居必求安，然后求乐"（《说苑·反质》）。即先解决安全和实用，进而加以美化和装饰，以求传达屋舍主人的文化诉求，在愉悦中传承他们的精神和理想。古罗马建筑家维特鲁威也在其《建筑十书》中，提出建筑设计所应具备的"坚固、适用、美观（愉悦）"三大原则，直至今天，仍然被建筑家们所遵循。"乐"或"美观"，都是在表明人类对建筑更高层次的精神追求。中国古代建筑艺术，正是在这一层次上，将东方传统文化及其审美意趣完美结合的产物。无论是皇家宫殿或园林、宗教寺庙或祠堂，还是乡土民居院落，在满足其基本实用功能的基础上，都非常重视实现人对内外环境的审美和文化诉求。因此，在探求建筑的整体设计和房屋部件结构的装饰美化方面，取得了非常值得珍重的艺术成就，同时也进一步彰显了我国传统文化的精神世界和生命力。

就明清乡土建筑而言，尤其在商品经济发达的地区发展非常迅速。山西省的晋中地区，主要以商人大贾营建的晋商大院，为我国北方山地民居建筑中的杰出代表；南方则在徽商的带动下，形成了以皖南徽派民居所代表的建筑样式和风格。一北一南，构成了我国明清时期乡土建筑艺术的两大主流。

山西地貌，是被黄土广泛覆盖的山地高原，地势由北向西南倾斜。其民居的居住方式主要有两种，即窑洞和砖瓦四合院。窑洞，是利用天然土山崖开掘的拱形洞室，多为就地取材、因地制宜的建筑样式（图1-6）。黄土高原的黄土质地坚硬，直接开挖洞穴不易倒塌，且具有冬暖夏凉的特点。其源头可以追溯至原始社会穴居和半穴居的居住样态。砖瓦四合院是

图1-6 山西临县碛口窑洞

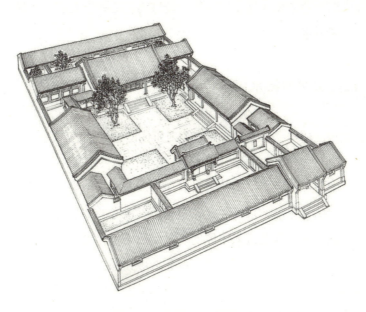

图1-7 北方四合院经典布局"坎宅巽门"（正方坐北朝南，大门位于东南角）
（《北京四合院建筑要素图》中国建筑工业出版社.2008）

以砖、石砌筑，围合而成的建筑样式。以砖砌室在汉代已经出现，且技术发达，但普遍用于住宅砌墙并承重，是在明代。

晋商大院，多系根据山区地形，以窑洞和砖砌的屋室相结合的建筑。或做二层多进四合院，或做三合院。其基本形制：东南角为宅门，南面为倒座，东西两面为厢房，正房坐北朝南，由此围合成中间的庭院。其平面布局呈经典的四合院"坎宅巽门"的布局。（图1-7）

山西的总体气候少雨干燥，春天风沙大，冬季甚寒冷。因此，大部分建筑以防风沙和保暖为其主要的功能特点。体现在建筑设计与构造上，院墙多高大封闭，墙身厚实素朴；屋顶多作单坡顶，注重朝阳和避风；宅院的入口，一般设在东南角。而在闭合的院落中，多雕梁画栋，精细讲究，最终形成了山西民居"外雄内秀"的地域特色。

根据地理位置和自然条件所形成的建筑特点，我们一般又把山西民居划分为五类：一是晋北民居，以大同、朔州为主；二是晋西北民居，包括忻州、太原、吕梁地区；三是晋中民居，主要集中在祁县、太谷、榆次、灵石等地；四是晋东南民居，以长治、晋城为中心；五是晋南民居，分布在临汾、运城一带。

3. 底蕴深厚的沁水民居

在晋东南民居中，沁水民居有着相对鲜明的地域特色。

沁水县地处晋东南地区，隶属于晋城市。该县位于沁河中游，在太行、太岳、中条三大山系的衔接处。其地形以山地丘陵为主，呈西高东低的态势。这里的气候随地形的变化，有东温、西寒的明显差异。历史发展中，沁河流域是古代西北进入中原的一条交通要道，尤其是沁河的中游地区，农业发达，煤铁资源丰富，手工业和冶炼业的发展非常兴盛，因此也积淀了深厚的文化底蕴。明清之际，沁水一带已发展成为富甲一方、商人云集，文风鼎盛，进士、高官辈出的地区。

正是由于特殊的地理、历史、人文、经济等诸种因素，使得这里和平时期商贸繁盛，战乱时期又屡遭兵家劫掠。沁水的名流官宦，为保全家族安全，免受外来侵扰，他们在沁河流域中游的两岸，三里一堡，五里一寨，修筑了密集分布、各具特色的古堡建筑，成为我国北方地区古建筑群中的一道道奇异的景观。这些城堡建筑，为满足主人居住和防御，以确保安全的基本要求，在选址上，多就着沁河两岸的天然地势，背山面水，择险而建；堡内的格局，多采丁字路，既过渡巧妙，又等级分明。

沁水民居多取二层楼房的式样。一层为居室，二层一般不住人，用来放置粮食、家具、杂物等。院落多为独院，或四合院。已经开发的柳氏民居、湘峪古堡，以及赵树理故居等都体现了这一特点。这样的古堡建筑，在外观上，雄浑高大，厚实朴素；在公共空间处理上，简洁明朗、显隐得宜；并处处凸显其封闭、安全的防御功能。

在这些大户高高的院墙内，则雕梁画栋，无处不作修饰，雕工装饰十分讲究。如：木雕的梁枋、斗拱、立柱、门窗、勾栏；砖雕的墀头、影壁、拱眼壁；石镂的门墩石、柱础……这些建筑装饰，以不同的材质，迥异的工艺，汇聚一院。可谓各具特色，精彩纷呈，交相呼应，相得益彰。其形式多样、题材丰富、做工精良，无一不渗透着沁水流域质朴、考究、儒雅的文化底蕴。窦庄古民居，正是沁水民居中迄今还未被人们深刻认识的一处所在。

4. 奇葩独树窦庄民居

（1）沁水县窦庄村

凡江河流经之域，多宜人居。

沁河，是我省的第二大河流。它源于太岳山东麓的平遥县境内，自北向南，流经沁潞高原，穿行于太行山之间，后在河南省武陟县汇入黄河。窦庄村位于沁河中游的西岸，今属晋城市沁水县嘉峰镇管辖。近年来，在国家保护和挖掘传统民居建筑政策逐渐落实的情形下，明清以来就享有盛名的窦庄村，一再受到社会的激赏和关注：

2003年，窦庄被公布为第一批省级历史文化名村；

2006年，窦庄古建筑群被国务院公布为全国重点文物保护单位；

2008年，窦庄被建设部、国家文物局公布为第四批中国历史文化名村。

窦庄荣誉逐步升级的主要原因，是其所存留的大批明清民居古建筑群，它们不仅彰显了山西古村落建筑群中的又一种风采，也是全国同类遗存中的地域地标性民居建筑。

窦庄民居的独特之处是建村为堡。这也是整个沁水一带古民居建筑的鲜明特点。窦庄堡是此类建筑的最早起点，其年代可以上溯至宋初。现在遗存的是明朝时期新崛起的张氏家族为抗敌护家而筑建的城堡，基本上保留了明朝建筑的格局。窦庄堡现存的明清建筑，达两万多平方米；类型以官宅院落为主，此外还有宗祠、寺庙、街巷等公共设施，种类丰富且完备。最有代表性的，是"四大八小"二层楼房的四合院院落布局；最具特色的，是全村各院貌似独立，实则户户相通的巧妙设计；最富艺术感染力的，是院墙内俯仰之间处处可见的雕刻装饰。这些装饰，因主人不同，宅院有别，三雕艺术的趣味、风格也各有差异；但其古朴端严、清宛简丽的艺术风韵，着实让人流连忘返。最可珍视的是，因其大多未经后世的重妆

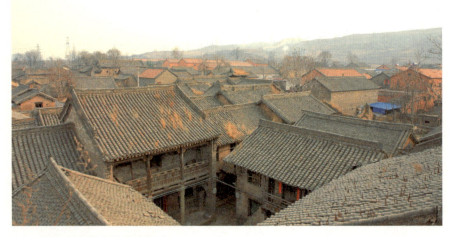

图1-8 窦庄古民居建筑群

和修复，仍保留着原有的模样。（图1-8）

（2）小北京、银窦庄

明清时期的泽州地区，就已有"天下庄，数窦庄，窦庄是个小北京"的民谣传颂。窦庄除了有"小北京"的赞誉，还有"银窦庄"的美名。何以得此盛名？这与其优渥的地理环境和久远的历史文化息息相关。

窦庄，坐落在沁河中游西岸肥沃平展的土地上，由北向南的沁河在这里转而流向东南，形成了三面围合的地势，即：沁河从东、南、北三个方向环绕着窦庄，仅西面背靠小樆山。这里可谓依山傍水，古人优选的宜居所在。

迄今有据可考的窦庄村历史，是村西所存的宋碑《宋故赠左屯卫大将军窦府君碑铭》。此碑碑首雕二龙戏珠，碑额刻篆书"窦将军碑"四字，雕饰和刻字较粗略。（图1-9）

图1-9 宋碑

碑阳刻文如下：

□宋故赠左屯卫大将军窦府君碑铭　有序/

晋城李佚撰并书/

□氏著望扶风旧矣勋德伟烈世不乏人或淑范懿行为椒房之冠或磩绩钜功登麟阁之列载之青史光耀炳然故无待于扬/□则后之传姓而分族者皆其裔也君讳璘字廷玉泽之端氏人是　故韩燕国翊德保顺勤惠肃穆夫人之皇考也自高祖/以降遁迹畎亩躬有善行考讳勋故赠右领军卫大将军妣吕氏故赠建

安郡太君君自少年沉静有气节虽蹑袭高赀克以勤/俭自饬事父
母尽爱而宗族称其孝奉长上尽恭而乡党称其第谨厚端懿温裕
如也故赈孤卹贫则发财以济其窘问劳疾苦/则施药以活其死
信义笃行终身不少懈尝谓人曰积善之家必有余庆虽身不获报
当覃及后昆吾平昔以善施于人者多矣/则光耀阎里高大其门族
者子孙必与有焉庆历六年遘疾终于家享年三十有二及　肃
穆贵以　郊恩赠右卫将军又/三年　明堂迁左屯卫大将军
娶豫章罗氏后君二十九年而卒赠宜春郡太君及元祐八年十月
二十六日合葬于泽州端氏县中沁乡窦庄西山之下　先茔之
侧有子二人长早亡时附于丙穴次曰质故任三班奉职有女三人
长适乐素次适/马衡季即　肃穆也孙二人长曰天祐三班奉职
次曰天祐右班殿直堂姪一人曰晞古左藏库副使泾原路第四副
将皆以/肃穆荫仕晞古又以随　龙恩例进故品秩高于诸子
呜呼　肃穆被选　禁掖保辅/哲宗皇帝逮事/今圣前后几
三十余年勤劳恭顺夙夜匪懈　宫闱之间上下辑睦是以每承/
睿旨　恩渥优异爵命之荣上及　祖考旁禄其族子官者凡
十余人窦氏遂为显族而簪/绅辉耀间里之间一时为盛岂非君
之积善而余庆所臻欤既葬十三年天祐等与其母长乐县君高氏
举质之枢卜以崇宁四/年十月六日附于坟之庚穴于是请子为
铭以镵诸墓且曰/肃穆躬事/两朝备有勋劳而又/崇宠二国则铭
其　□考之休以诏示后人廼其宜也夫曷为之辞铭曰/猗欤窦
氏　源深流长　维君积德/允恭温良　诞生肃穆　休有烈光/
爵命既显　福禄是将　荣被孙子/厥后克昌　光耀间里　令名
益彰/沁湍之上　以示不亡/

　　　　　　　陇西李之翰/高平间文宰弟闰守兴同刊

　　碑文中："窦（应为窦字，但已模糊）氏著望扶风旧矣……则后之传
姓而分族者，皆其裔也。君讳璘字廷玉泽之端氏人……考讳勋，故赠右领

军卫大将军……"这是其一。

其次，在《窦氏家谱》中有："吾氏家乘，自汉讳广国至宋讳勋，始祖而上，原祖贯本扶风平陵韩所，谱者皆扶风平陵人也。自不为无考，然而远矣。即所载沂国公，因宦不返流，寓河东泽州端氏县窦庄村……唯村西及卧牛山下碑碣翁仲等岿然而存者，为三大将军墓，则吾氏奉讳勋祖为始祖，故于礼为甚洽也。"

以上碑铭和家谱都明确记载了窦氏原籍乃陕西扶风，在宋初，窦氏先祖沂国公窦贞固（？—969，见《中国历代人名大辞典》），因"宦不返流"、避战乱，迁徙，来到泽州端氏县窦庄村落户。

其后人窦勋（1014—1046）生于北宋年间，口碑良好。其子窦璘又生子女，三女儿在宋神宗元丰年间（1078—1085）被选入宫，封为"翊德保顺勤惠肃穆夫人"，因其勤劳恭顺，"禁掖保辅"，其祖父窦勋被追封为"右领卫大将军"、父亲窦璘被封为"左屯卫大将军"、窦璘兄窦阙被封为"监门外大将军"，此即前面所说的"三大将军"；祖母吕氏被封为"建安郡太君"。窦璘因女而贵，不仅家中直系受到敕封，族人封爵升官也达数十人。窦氏家族因而成为显贵，名望盛传一时。

根据村人口述、已有的文献、残存的遗迹考证：宋代窦庄建庄时间为1093年，当在窦璘及其妻、其子、其孙过世之后。家谱中记载窦璘与妻罗氏"合葬于泽洲端氏县中沁乡窦庄西山之下先茔之侧"，窦氏后人才在先祖茔东侧兴建宅院。

与一般村庄逐渐扩大的建构不同，窦庄是先圈定村庄范围（起到防御作用）。在圈定范围时，依据八卦卦象，在乾、坤、坎、离四角建宅并环以城墙，其余四个方位设门。圈内则为空地，不修房屋，设为武场，这是为了不挡窦氏先茔的气脉，形成"八卦四方一点穴"的布局。但这种格局已不存在，今天我们所见的窦庄建筑格局，基本上是明清时期形成的。

明清时，窦氏一族势力渐衰。元代末年，张家由阳城迁入沁水窦庄，

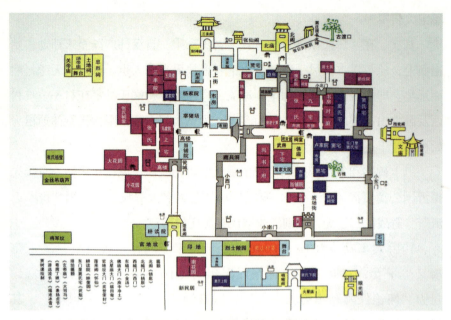

图1-10 窦庄"小北京"复原平面图（窦庄宣传资料图片）

本为寒门的张家以耕读发家，到明代时张氏家族已经取代窦氏成为窦庄的新显贵。张家在张五典[1]中进士（1592）入仕途以来，名人辈出，科甲连第，是沁水县历史上出举人、进士最多的家族。张五典生有六个儿子，其中五个均为官效命国家。长子张铨名声最盛，万历三十二年（1604）中进士，历任河北保定推官、浙江道御史、巡按陕西茶马、江西巡按、辽东巡按。万历四十六年（1618），后金向明军发起攻击，张铨屡次上书，指点辽东兵事。天启元年（1621），张铨巡按辽东，逢后金围攻辽阳，明军失利，张铨亲自率残部苦战抗争，最终因不敌金兵被捕，又因拒绝招降，自刎保节。在他以身殉国后，张铨、张五典以及张五典的父亲张官，均被追赠为兵部尚书，即张氏三尚书。

明朝末年，时局动荡，各地百姓皆构筑城堡自卫，沁河县内，古堡一

---

[1] 张五典，沁水人，明万历二十年（1592）进士，先后在天津、山东、河南等地为官。天启二年（1622）任南京大理寺正卿，天启三年加升兵部尚书。他在山东任职时，曾主持了对泰山的勘察，所作《泰山道里记》，为后人留下了宝贵遗产。

时纷纷筑起。依时间来看，窦庄应是首开修筑城堡之风。由《明史》（卷
二百九十一·列传第一百七十九·忠义三·张铨传）可知，大司马张五典
告老还乡后，"度海内将乱"，为保障族人安全，于天启二年（1622）开
始修筑城堡、建造宅院，以巩固窦庄的防御强度。在宋代的基础上，他们
又修建了四方形内城，在城的四角建造雕楼，八面设窗；城东面的瓮水潭
地势低洼，被精心建造在城堡外，即尚书府，形成单独的瓮城。这样，八
道城门加上瓮城城门共有九道，窦庄古堡便呈"九门九制"，有了"小北
京"的称谓。（图1-10）

　　窦庄之南，紧临郭壁。明清时期的郭壁，因得益于沁水旱码头的优
势，成为经济发达的商贸重地，富商云集；而居住在窦庄的人家，多为做
官之人，享受着国家现银的俸禄，因而便有了"金郭壁，银窦庄"的盛
传。此外，郭壁村又挨着清代文渊阁大学士陈廷敬的老家皇城村。另外，
湘峪村、郭峪村等，离窦庄都不远，这些村均人才济济，村村之间相互影
响，相互激励，从明中期一直到清初，这里考中进士的人很是不少，可谓

图1-11 贾家大院门楼砖雕

人才辈出。无论是早在宋代之初营建窦庄，受皇家恩宠的窦家，还是明代官爵显赫的张家，都秉有耕读传家的良好家风，培养出一代又一代的国家栋梁，成就了窦庄的辉煌历史，在沁水一隅生发出世代不灭的光芒。

今天的窦庄，在整体格局上已不能呈现过去"小北京"的完整规制和样貌，后代的不断翻新改建和新建的住宅充斥其间。所幸的是，有大量的古代建筑仍被保留了下来，出现了新居与明清古居交融共存的局面。现在，一部分居民还住在古宅旧院中，生命的延续使古老的建筑依然充满生机（图1-11）；一部分则破败无人居住，留在新旧交叠的巷陌里，仿佛是对昔时岁月默默的怀念和深情的礼赞。

二、雕花簇锦银窦庄

　　在建筑装饰中，木雕、砖雕和石雕，是常见的三雕艺术。我国传统建筑，多取木材为主料，进而在木结构部件的立柱、梁枋、斗拱、门窗、勾栏等上作装饰，"雕梁画栋"即是元曲对它的生动描绘。砖，作为建筑材料，秦汉时已较常见，汉"画像砖"，亦画亦刻，已颇具水平。石头作为人类最早加工的材料，在建筑装饰中，主要出现在需要特别加固的部位或部件上，如：墙基石、石栏杆、门墩石、柱础等。把这些不同材料和工艺汇聚在乡村院落之内，并各有特色，各具精彩，呼应和谐、浑然天成，是窦庄古建筑装饰艺术的精华所在。

图2-1 常家大院门楼

　　此三种材质的雕刻，依附在建筑构件上，被雕饰成各种题材内容的花纹图案，又通过不同的雕刻手法来表现。在宋《营造法式》卷三中，就有对石作制度、加工石料方法的记载："雕镌制度有四等：一曰剔地起突，二曰压地隐起华，三曰减地平钑，四曰素平。"剔地起突，即高浮雕，或近似圆雕；压地隐起华，是把纹样的边缘斜着凿去一层，对纹样进行雕琢加工，但纹样的最高部分不能超过石面；减地平钑，是将所刻纹样以外的实地浅而均匀地凿去一层作底；素平，或仅将石面打磨匀称光滑，或在其上以阴线雕刻花纹图案。这些技法也基本适用于其他材料的制作，用今天通俗的话讲，木雕、砖雕、石雕的基本技法一般分为圆雕、浮雕、镂雕、透雕和线刻几种。由于木材易于雕刻及拼接,木雕使用的范围及表现的题材最广:额枋、门楼、窗棂、挂落、垂柱、雀替、栏板、匾额等,可以处处生花。木雕也经常会结合彩绘,大大增加华美的效果。明清之际,砖材料在建筑中的广泛应用,使得砖雕大量分布在门楼、影壁、墀头、屋脊、神龛、墙饰、牌坊等建筑构件上。石雕难度较大,运用范围较小,主要雕饰部件除了石柱础、门墩石外,还有挑檐、泻水口、上马石、拴马石,以及用于观赏的石狮、碑碣等建筑构件上。

窦庄堡的建筑装饰题材丰富,手法多样,其内秀、含蓄、朴实厚重的艺术特点说明创作者秉承了兼收并蓄、包容开放的创作思想。看似平淡的深窄街巷内,隐立着一院又一院的明清古民居,有着高大气派的门楼、规整巧妙的四合院、整齐划一的二层楼,加以传统的中式建筑装饰,间或掺以一些西洋式的装饰。其中,门楼、梁枋、栏板、窗棂、雀替、墀头、门墩、柱础……件件精雕细琢,竞相争奇斗艳。(图2-1)

1. 木刻春秋看窦庄

在中国古代建筑体系里,木结构是其传统的构架形式,建筑中的木雕是其重要的装饰之一,它与中国木结构建筑的发展相偕而行。原本以功能为主的建筑部件,越往后期发展,越趋向于装饰美化。今天我们可以见到的主要是明清时期的建筑装饰木雕。无论是皇家建筑、寺庙建筑,还是乡土民居建筑,都盛行木雕装饰。窦庄堡的明清民居建筑,自然也汇聚着大量精美而独具特色的木雕。其题材广,工艺精,手法多样。不管是檐下的斗拱、额枋、雀替、垂花、栏杆、匾额等,还是屋宇门窗的类别、结构和样式,都根据其特有的功用,雕饰着有意味的图案花纹。木雕匠人用精湛的技艺,将这些部件各自不同的结构、样式和功用有机地结合在一起。置身于街巷院落之中,满眼都是高高低低、大大小小,或精细,或简括,或枝蔓缠绕,或飞鱼禽鸟,或如闻人声的各色木雕,使人不由生出感慨,创造并生活在这样浓郁文化艺术氛围中的窦庄人,是何其幸运!

（1）大户高门——窦庄门楼

窦庄的明清乡村民居，多系朝廷命官荣归故里，为光宗耀祖、承袭家业建造的官宅建筑。尽管没有皇家建筑那样恢宏显赫，却是仿造皇城规制，创造出的具有别样气派的堂皇建筑。窦庄"小北京"的美名，可谓实至名归。

在中国历史上，家族的权势和地位，往往借着居所建筑而彰显。家族越显贵，住宅建筑往往也越讲究，包括有建筑规制、选材用料和工艺装饰等方面。典型的明清民居，多为单体房屋围合成一个院落的组合式建筑群。窦庄古民居多具有这种典型特征，即北方四合院样式。

大门，是闭合式建筑群重要的出入口和通道，是沟通住宅内外的必经之道。也是整体建筑中人们最先看到和接触的，围合院落的最具标志性的建筑部位。它既是整个建筑群主体的外延结构，又是独立的建筑艺术。人们对一座建筑的印象和了解，正是从它的门开始的。中国人重视对门的修造，尤其重视院落"大门"的修造和装饰。大门，就是门面，是最外显的"面子"，望门而知其贵贱。人们常说的"门望"，即指先祖所获取的名声功绩。因此，大门的建造，也成了一个家族名望和精神面貌的集中体现。在封建社会中，建筑群在大门的建造和设计上，具有较严格的等级秩序。尤其是官宅，其规格、形制，都有明确的限定。

我国古代早期的门，主要由几种木质构件组合而成：先用两根木柱安插立于地面的门墩石上，柱顶端置横梁，在两立柱和梁围成的矩形木框中，安置门板，再加上里外出檐的房顶，便组成了门的基本结构（图2-2）。在门的发展过程中，逐渐又

图2-2 宋·门（楼庆西《中国传统装饰艺术》中国时代出版社.2013）

出现了更坚固稳定且防水防火的砖质或石质门，因石料不易加工，成本也高，砖砌的门便逐渐成为主要的大门形式，也成为最有代表性的一种门的艺术。随着时代的发展和审美趣味的变化，脱胎于木质的砖砌筑的门，在保留了木雕门的基本样式的基础上，演化出形形色色、装饰考究、高大气派的砖雕门楼。

门，有城门、山门、宅院大门和居室门等。窦庄最具代表性的门是宅院大门，它们类型化显明，样式和手法比较齐一，装饰上较为华美气派。从材质和工艺上，包括形制高大、雕饰考究的木雕门楼和石雕门楼两大类。为了让大家看到窦庄古堡门楼的整体面貌，这里就把木雕和砖雕门楼放在一起来介绍。

窦庄虽小，但门楼的形制，高大规范，样式丰富，装饰多样，工艺简约淳美，是其建筑装饰的一道靓丽风景。具体讲，窦庄门楼基本可分6种样式（本书选择的是几处代表性门楼）：

①木雕斗拱式；②木雕简易式；③砖雕影壁式；④砖雕垂花式；⑤牌匾拱形式；⑥中西结合式。

现依次分述如下：

①木雕斗拱式

木雕门楼，是我国传统建筑形式之一。在窦庄，以木雕斗拱装饰的门楼颇具代表性。与此相似的门楼，在沁水流域并非孤例，沁水县西文村柳氏民居大院内即可见到。如"行邀天宠"斗拱装饰门楼，虽不及窦庄木雕门头的斗拱反复层叠，但工艺精致细腻有加。（图2-3、图2-4）

梁思成在《中国建筑史》中讲："中国古代建筑有两个明显的

图2-3 柳氏民居木雕门头

图2-4 柳氏民居木雕门头局部

特征：斗拱，屋顶。"斗拱，是我国传统建筑具有鲜明民族风格的、特有的结构语言符号，其发展变化是中国木构架建筑形制演变的重要标志。古代木结构房屋因形制规模和功能的需要，屋顶的屋檐要大大延展伸出屋身。这样，在立柱顶端和梁枋之间就需要有一种构件托住屋檐下的枋和椽子，于是木匠会用短木相错叠的方法，从柱子和梁上伸出一层又一层的弓形短木，层层挑出使房檐得以伸出屋身之外，这种构件就是拱。拱与拱之间垫有方形木块，即为斗，用多层拱和斗结合成的构件即为斗拱。

斗拱之斗，源于计算粮食的量具，其形态是一斗状方形垫木，上凿有槽口，用来安放拱。斗拱之拱，则为安置在斗上槽口处的弓形短木，拱木架在斗上向外挑出，拱木两端上面再安"斗"。拱木和斗纵横交错逐层叠加，形成上大下小的支撑托架。通常来说，斗拱每升高一层，拱的长度就会随之增加一倍。斗拱中还有一种斜置的构件，叫"昂"，起杠杆作用，在室外叫作"下昂"，在室内称为"上昂"。

综上，一组斗拱，一般由方形的斗，矩形（或曲）的拱和斜的昂交错层叠形成。斗拱是通过扩大节点处构件的接触面，改善节点受力情况，缩短所承托构件的净跨度；并通过斗拱的层层伸展、出挑，支撑房顶的深远出檐。同时，屋檐远伸，更为有效地防止墙面淋雨受潮，阻隔烈日大风的侵蚀，延长建筑物的寿命。其名称在不同时期，叫法也不同，宋代《营造法式》称"铺作"；清工部《工程做法》则称"斗科"。

斗拱最基本的功能是承托屋顶。但同时，也是封建社会等级制度的象征，和重要建筑的尺度衡量标准。秦汉以前，基本为一斗两升的简单斗拱。宋代以后，其支撑作用逐渐弱化，装饰功能增强。及至明清，斗拱已成为建筑的装饰构件，其层叠繁复、缜密纤巧，装饰性无以复加。唐代以后，斗拱不允许在民间建筑中使用，成为统治者权贵们的"私有物"，成为等级、身份的一种建筑文化符号；到后来发展为只有宫殿、寺庙、高级建筑才允许在立柱上、内外屋檐的枋上安装斗拱，越高贵的建筑斗拱越复杂、繁华，并以斗拱层数的多少来表示建筑的伦理品位。而事实上也未见明显的限制，民间建筑中时有斗拱的使用，甚至是夸张的使用。

窦庄明清民居的木制门楼，其斗拱显现出特有的装饰风格和内在的道德功能。它们均属官式民居，多以数

图2-5 窦庄尚书府下宅木雕门楼

层斗拱叠置而成，规整壮丽，非常气派。

其中，最宏阔气派的木雕门楼，当属尚书府下宅门楼。岁月虽然剥蚀了它昔日精雕彩绘的华彩，但无法褪去其高大雄健、繁缛绮丽的气势。（图2-5）

尚书府下宅，是"太子太保""兵部尚书"张五典于明代天启年间建窦庄城时同建的宅院。下宅，又分为南院和北院。南院在西街的南侧，为张五典长子张铨的故居。其门临街，为四柱三间式门楼，采用常见的平面呈"八"字形的"撇山影壁"形制，即中间为向内退回的大门，左右两侧是对称向外呈"八"字斜向的影壁，由于这种门楼样式灵活，又称"雁翅影壁"。一退两撇的设计处理，使门前空间增大，出入宅门有了缓冲之地。大门由四根约10米高、粗壮的八角形方柱撑起。门头高悬斗拱顶：明间为歇山顶，歇山顶人字形覆瓦屋顶的四角微翘；两次间为两面坡悬山顶，顶平缓不起翘；明间的大屋顶，覆在两次间的小屋顶上。屋檐下，为一大两小铺作层层叠叠的木雕斗拱（图2-6）。门首横枋之间，装一块额板，上刻"天恩世锡"四个大字。门两边石柱前后，又安置四组体量高大、雕刻精美的抱鼓石，它们以材质的沉重和细致的镌刻与门头繁复铺

图2-6 窦庄尚书府下宅门楼的斗拱门头

陈、轻灵有加的木雕斗拱屋顶，相互呼应，相互制衡；加之明间大门两扇厚重的门板上，均衡排列镶嵌着的铁制"乳钉"；大门两边两墙相对称的砖砌影壁，中心无雕饰，周边及四角却精雕细刻花纹。总观这座深阔、开放、非同寻常的大宅门楼，真是处处精心，不逾规矩，不失华美。由此，向世人昭示了张五典家族世代受皇家恩宠，显赫荣耀的身份和地位。

尚书府下宅门楼，最精彩的就是斗拱门头。抬头望去，屋檐下，一层一层斗拱密密匝匝重叠而置，繁复而井然有序，好像空中簇拥盛放着朵朵鲜花。匀称舒展的花瓣以一定的斜度向上向外延伸，形成等比的梯形状，充满秩序感、层次感、深度感，统一中见变化，简单的重复却又包含着神秘的美感。这巨大的斗拱门头均由单体的双层多瓣花拱组成，由它们规整重复层叠构组而成。当心间斗拱门头分为上下两部分，下面部分为两攒三层斗拱，第三层斗拱为平面高浮雕装饰性斗拱，并形成上下部分的分界；上面部分为四组五攒六层斗拱，两侧为重复的单向拱瓣，各自向外打开。上下合起来共九层，符合文官正一品的规制。左右次间影壁的斗拱门头基本样式与明间对称一致，亦为上下两部分，但在体量和规模上缩减，各自宽度约为明间的三分之一。次间斗拱门头下部为伸展的一攒二层大斗拱，上部为两攒五层小斗拱，上下共七层。尚书府下宅门楼的明间和两次间的门头斗拱体量有别、主从有序，有整有分、层叠错落，既遵循着封建等级的严格规制，又在法度间展现出雍容华贵的风采。从斗拱上残留的点点色彩斑痕遗迹上，我们完全可以想象到昔日青绿重彩、层层斗拱的尚书府下宅门楼是何等的恢宏、华美、气派！

另外一座独立屋宇式的木雕斗拱门楼是佛庙门楼（图2-7）。佛庙位于窦庄堡中心，实际上是一处儒、道、佛三教合一的综合宗教建筑，创建于元代，明清时期多次重修，但基本构架、斗拱保持元代样貌。佛庙门楼地处街口，门楼上镶有木匾一块，木匾的院内一侧记载着此大门重修于清雍正八年（1730）。佛庙门楼也是撇山影壁形制，大门退回近两米，大门所在的明间屋顶内外两面为斗拱样式，斗拱的层次拱瓣较少，共四层四

图2-7 佛庙门楼（内）

攒，层层斗拱规整叠置，严整有序、清拔端丽；影壁仅为单纯的砖砌墙，并无装饰。因门前增大的空间和素朴纯粹的影壁墙衬映，更突显出门楼斗拱独特的层叠错落美和佛堂庙宇的尊贵地位（图2-8）。在斗拱下面横枋间镶嵌着那块记载门楼重建的木匾，木匾两侧为承接屋顶斗拱门头的童柱，童柱又由门墙内伸出的梁头撑起，梁头被雕作"云头"形状，俗称"麻叶梁头"；梁头两侧还带着雕琢轻灵的"云翼"；梁头底端则被加固处理

图2-8 佛庙门楼（外）

成斗拱底托，托起其上的童柱、童柱又支撑着横枋，横枋又承托着斗拱门头、屋檐。这些部件之间，结构穿插合理巧妙，处处讲究雕刻装饰，该简处极简，须繁处极繁，繁简相宜，实用美观，中国古代建筑中木结构的精妙由此可见一斑。这种梁头结构，在窦庄村十分普遍，不仅用在门楼上，在院内楼房处也多有使用。和尚书府下宅斗拱门楼相比，佛庙斗拱门头规模要小，装饰相对简洁、规整，体现出庙宇建筑的仪轨和神圣感，也呈现元代建筑的朴素美。

此外，张氏九宅门楼、武魁院门楼[1]，世进士第门楼等形制相同，尺寸体量相近。这些门楼均为平头门楼，也即门楼的屋顶和两侧的建筑顶连成一体，门楼处进深比较大。张氏九宅是一处建筑群，也叫九宅胡同，位于内城的小北巷，是张五典子孙们的住所。门楼内是一条胡同，胡同内有九处互通互联的院落，其中包括文中提到的凝瑞院、书房院、寅宾院、燕桂传芳院等，此门楼为各院共有的大门。门楼内径宽307厘米，地面至屋檐高618厘米，地面至屋脊为654厘米。这些门楼上有木雕斗拱门头，中间有承托门头的横枋、装饰匾额、童柱、梁头，两侧有门柱，门柱下端前后有雕刻精彩的抱鼓石，整体气势巍然，局部雕饰考究，正所谓大户高门。与尚书府下宅的重檐门楼不同，张氏九宅门楼、武魁院门楼、世进士第门楼等为单檐斗拱门头（图2-9、图2-10）。这些平头斗拱门楼檐下有上下两部分斗拱雕饰，下部分为二攒二层大斗拱，上部分为四攒五层小斗拱，每一单体斗拱亦为五瓣式，匀称向正中和两侧伸出，皆如鲜花争相怒放斗艳，比一般斗拱更有层次感和装饰感。其中世进士第门楼，也即尚书府下宅北院门楼，高大深邃，色彩明艳。据前任村委会主任讲，这是村民在2006年左右重新绘制的，也是现在村落唯一重装彩绘的门楼（图

---

[1] 武魁院，此院主人窦明运，是宋左屯卫大将军窦璘的裔孙。窦明运在和南明小朝廷作战中牺牲，清"顺治帝"赠其"英烈将军"，武官从二品，御赐"武魁"匾额一块，意为武功最高。

图2-9 世进士第门楼

图2-10 张氏九宅门楼

2-9）。层层斗拱拱体上绘以青色，勾勒黑边，拱头雕绘成云头形；斗上绘黄色花卉，紧挨额枋的拱眼壁绘以大朵黄色牡丹花；两侧为垂莲童柱，童柱倒垂、下端雕绘着精美的层层花瓣相错开启的金色莲花；正中匾额上书有四个金色大字"世进士第"，匾下枋上书小字一行"祖孙父子兄弟叔侄联芳"；大门两侧采用小八角形石柱，柱上缠绕对称描金龙纹，两龙头于柱顶相向昂首对望；门柱两侧立着雕刻精细的抱鼓石。今天窦庄人，为旧宅如此重装彩绘，意在向来客炫耀窦庄曾经的主人所拥有的尊贵身份与地位；借此恢复当年窦庄官宅门楼的卓越风姿和宣耀因祖先荫护而带来的骄傲和荣耀。

②木雕简易式

在窦庄代表性木雕门楼中，还有简易木雕门楼。这是一种比较常见、简易大方的木雕装饰门楼，在沁水一带亦较普遍。其造型，就是把上述木雕斗拱门楼的斗拱取掉，由屋檐、横枋、门匾、童柱、梁头组合

图2-11 贾家大院第一进大门　　　　图2-12 燕桂传芳大门

而成。其门洞，有拱形和方形两种。贾家大院第一进院门楼、燕桂传芳院门楼[1]、书房院门楼、慈母堂二门门楼等皆属此样式。（图2-11、图2-12）

贾家大院第一进木雕门楼。其拱形门直接开在墙上，沿拱形边雕刻纹样，拱门额的墙上有砖砌匾额，砖棱作框。于墙顶处架起坡形大门屋顶，屋顶下为横枋，枋两端作小雀替斗拱，兼有承重和形式美的功能。横枋两端往下为倒垂悬空的短童柱，童柱末梢被从砖墙中挑出的云头梁头撑起，想来梁头两侧原本也有云翼，但现已无存。门饰简单洗练。这种简化了的木雕门楼和层叠繁复的木雕斗拱门楼不单单是样式上的区别，也是小院落和大宅院门楼的地位差别所致。

慈母堂门楼较为独特（图2-13）。大门门楼不似斗拱门楼雄浑阔

---

[1]　燕桂传芳院，兵部尚书张铨的妻子霍夫人宅院。明崇祯年间，因霍夫人率家人、家仆、村民屡次击溃流贼，守城有功，明崇祯帝封窦庄城堡为"夫人城"，并御赐"燕桂传芳"匾额。

气，却隽秀耸拔，狭窄巷道内抬头方可廓清其方形门洞，檐枋下垂落着
雕刻规整细致的卷草纹挂落牙子，门洞上方的墙上嵌一匾额，内刻"敬
修"二字；门首上方置木质匾额，上面留有文革时期的"毛泽东语录"

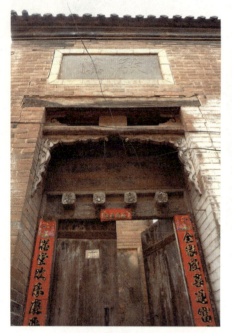

图2-13 慈母堂大门门头

图2-14 慈母堂二门背面

图2-15 慈母堂二门正面门头

一篇；紧邻其下的大门上槛处，安装四枚凸出的方形门簪，门簪好比古代妇女插入青丝的发簪，是门脸装饰常用的一种构件，通常会在上面雕刻图案，不过此处无雕饰纹样，倒显得端庄质朴。往下，门口左右的地面，立二长方形门墩石，其正面为口衔铁环的浮雕狮子头。慈母堂大门的装饰通体简洁端丽。进大门后穿过数米即二门（图2-15），二门在窦庄独树一帜，类似四合院的垂花门。正面样式和贾家大院第一进门的门楼相同，人字形悬山屋顶，覆青瓦，正脊两端耸起，各垂脊下端起翘；屋顶下垂童柱，出梁头；方形门洞，门洞上方额枋内嵌匾额，书"念修"二字。在二门背面，屋顶下两圆形木柱撑起一块高耸的大匾额，匾额两侧圆柱外侧饰卷草纹雀替。匾额阳面一侧书写"捷报"，即乾隆年间（1736—1795）的满汉诸名臣（朱珪、德文、徐浩、锦格、博尔敦、杨瑾、孙和相等）对其族后人窦铤（慈母堂古宅主人，乾隆辛卯科举人）的表扬记录次数。匾额阴面（院内一侧）则刻有窦氏追忆先烈，策励后人的家训。二门匾额两面皆密布文字，组成门头主体。在其家训内容中，字字句句传达着在封建礼制下，恪守国道、顺理而为的治家之道。匾额结合书法、篆刻、雕刻的艺术形式，反映了窦庄民居建筑浓郁的仕宦气息和高雅温厚的文化品位。（图2-14）

③砖雕影壁式

在古代门楼装饰中，砖雕门楼最具代表性。在山西境内，精美者甚为多见。砖雕门楼脱胎于早期的木质门楼，在古建筑发展的漫长历史里，因砖石材质防水防火更加结实稳固，逐渐代替了木制门楼。但在形式上，又保留了木质门楼的基本样式。即：用砖在墙面上贴筑雕造出一层装饰：左右两根不落地的垂花柱，柱间横架着一两道横枋，横枋之间镶嵌匾额，上面或书写建筑名称，或表达主人信仰、家族美德，为"字牌"部分。上枋上面是一排斗拱支撑着房顶，斗拱以上是逐次突出的线脚。只有屋顶呈人字形坡面在墙内外伸展出挑，通常上作瓦面、屋脊、屋角和走兽。随着明清民居建筑的兴盛，砖雕门楼演化的愈加丰富多样、装饰考究。

窦庄的砖雕门楼，数量很多。其中，贾家大院的砖雕门楼保存较为完

图2-16 贾家大院门楼

整，算得上是最具规模、精心构筑的一座砖雕门楼（图2-16），远看高大气派、严整宏阔，近观精雕细琢，处处生辉。

贾家大院是晚清官僚贾四爷的宅院。其门楼是典型的一字形"撇山影壁"。即中间为门楼，左右两侧配置对称式影壁，大门和影壁连成"一"字形整体，很是宏阔。门前空间较为空旷，更增加了门楼的气势。整座大门除左右影壁的底座为沙石材质外，皆用砖砌筑而成。且看门楼明间样式：下为半圆拱形门洞（笔者考察时所见窦庄砖雕大门皆为拱形门洞）。拱门罩的边框上，装饰砖雕图案：内拱边缘为亚字纹；中间区为左右对称的大面积花卉组合图案；外拱边缘共三层，由内到外依次为并置的花瓣纹、竹节纹和砖面翻卷起棱的拱边。拱门上方以门楼的下额枋和插角小雀替组合，为表面平整、上方下弧外形的浮雕图案。"下弧"形即额枋下面左右两角对称的插角小雀替，它们被雕饰成盛开的花瓣纹，外形呈等腰三角形，合起的边缘恰好适合门洞的拱形；"上方"指的是雀替支撑的双线脚下额枋，上层额枋中间雕单独的如意云纹，两边则各雕一凤纹；下层额枋的正中（即云纹下面），雕有生动传神的龙鱼，荡漾有致的水波纹衬底，以取"鲤鱼跃龙门"的吉祥寓意；左右外框是自上额枋处倒置下垂的垂花柱，柱头浮雕莲瓣、兽头等纹样。上额枋亦作两层线脚，两层之间间隔排列着大小均等的七组小长方框装饰图案，每框内均饰独立的浮雕花卉或动物图案，雕刻精细饱满，富有层次感。

在门首上下额枋中，嵌以矩形砖雕匾额，周边饰凸起的仿木云纹边框，匾额雕刻"怡善"二字，意为怡悦、行善是主人生活的理想，简单二字传递出贾家的崇尚和美德。匾额左右两边作对称的方框，里面以团窠样式，将一对回首相向的麒麟作为主纹，杂以珊瑚、方胜、云气等纹饰，取吉利、祥和、长寿、国泰民安之意（图2-17、图2-18）。上梁枋上面以一排五攒三层的砖雕斗拱支撑屋顶；底层斗拱略高出墙面呈浮雕状，斗为凸出较高的大坐斗，且每斗正面皆有雕饰，形态略有差别；各拱眼壁，以团窠高浮砖雕装饰，图案以动物为主，雕琢玲珑剔透、细致规整；往上第二

图2-17 贾家大院门楼方框麒麟砖雕

图2-18 贾家大院门楼方框麒麟砖雕

层和第三层（多数门头上，斗拱只留下下面的大坐斗部分）为仿木结构的立体斗拱。斗拱以上是两排起伏的线脚；最上面就是出檐的屋顶了，正面看屋檐处的圆形瓦当和三角形滴水高低相错、节奏匀称、排列有序；屋顶为朴素的悬山式，正脊通直无修饰，垂脊末端翘起。

大门两侧安置一对对称的影壁，屋顶样式同明间大门屋顶，高度低于明间（与正门上额枋等高），但影壁屋顶的正脊两端有口含屋脊的吻兽[1]。二影壁的中心分别浮雕 "忠" "孝" 两个大字，体现了当时社会普遍流行的忠孝治国齐家的理念。底座为沙石质须弥座，影壁的岔角、底座，以及额枋、拱眼壁等，皆有砖雕装饰。

---

[1] 吻兽，也称 "鸱吻" "鸱尾"，是屋顶正脊两端的装饰物，形状如鱼尾。《唐会要》 "海有鱼，虬尾似鸱，激浪则降雨。遂作其象于屋上，以厌火祥"。这种装饰物多见于隋唐时期的建筑，后来逐渐演变成龙首形状，明清以来其造型向程式化发展，定名为 "吻兽"。

耕读院门楼，是另一座砖雕影壁门楼，它和贾家大院门楼都属于"一"字形撇山影壁门楼，外观与前面两座门楼几无二致。但从体量尺寸上，耕读院明间大门门楼较高，影壁顶和屋顶的间距加大，整个门楼相对挺拔舒展。不过耕读院门楼在保存上不及贾家大院门楼完好，但在相同的形制下，却有诸多细节的不同，从而可窥见窦庄堡建筑装饰艺术注重创造的特点。（图2-19）

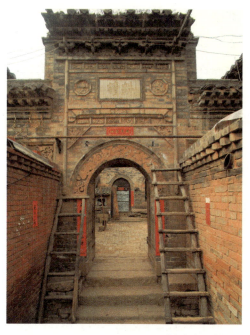

图2-19 耕读院门楼

图2-19中可见，村民因居住需要，沿着耕读院明间大门和两侧影壁相衔接的地方新砌了两堵墙，刚好从视觉上截掉了两边的影壁，仅能看到影壁顶和影壁靠近大门一侧上岔角的砖雕图案，所以一开始看到这座门楼的时候并没注意到是带影壁的门楼。门楼的上下额枋对称呼应，都由均匀分割的7组小长方框构成，框内为单独的植物花卉图案；两额枋之间镶着匾额，书"耕读"两字，匾额两侧为八角框，内有浮雕。然后是下额枋下面左右两边的插角小雀替有明确的三角形外框。房檐下拱眼壁的面积较小，所装饰的花卉纹样也相应缩小。两边两根长长的垂花柱垂到了大门门洞的中部。现存耕读院门楼上的砖雕，毁损比较严重。和贾家大院门楼相比，两座门楼整体形制一致，但具体到比例、造型、纹样内容、形式等细节，多有变化，各有千秋。

④砖雕垂花式

砖雕垂花门楼同样是从木雕垂花门楼演变而来，样式上自然有不少保留。木雕垂花门装饰性极强，通常作四合院的二门，建在四合院南北主轴线上。其建筑构件齐全，屋顶、屋身、台基、梁、枋、柱、檩、椽、望板、封掺板、雀替、华板、门簪、联楹、版门、屏门、抱鼓石、门枕石、磨砖对缝的砖墙等等，一应俱全；各个部位的装饰都十分讲究，各种装饰手段，如砖雕、木雕、石雕、油漆彩画皆有用到，相衬合宜，在所有类型的门楼中，最是华丽悦目。之所以称垂花门，因其向外一侧的梁头下有一对倒悬的短柱，柱头向下，不落地，称"垂莲柱"，短柱末端常雕成各种形状，因而得名。

窦庄的砖雕垂花门相较典型的木雕垂花门缺少门楼的立体感、色彩感，工艺技术主要采用的是浮雕手法，基本上是在平整的砖墙面上，贴了一层砖雕。这里的砖雕垂花门亮点并不在立体感、色彩感、华丽感，也不在垂柱的雕饰上，而在各个具体部位的精美砖雕，如拱眼壁、额枋、匾额两侧的方框、插角雀替、拱门罩边框等等。实际上这些砖雕垂花门楼的基本样式，和前面所述撇山影壁式门楼的明间大门的形制一样，但只有明间，不带影壁。比如贾四爷院大门、尚书府上宅第二进大门、南花园大门等都属此类，但绝不雷同。

贾四爷院门楼雕饰繁密，装饰精致富丽。房檐下两道规整错落的线脚下面，是四攒玲珑的斗拱。斗拱间距较大，使得各拱眼壁砖雕似乎没有间隔而连成一体。砖雕内容为博古书、画、墨宝，各自被藤蔓般的丝带束绕着，延绵飘举，充满动感。其下紧接一道额枋，无匾额（窦庄砖雕门楼多为上下两道额枋，中间是匾额）。额枋有三层，上面一层是素砖线，中间一层正中刻着双凤来仪，下面一层则为六个相间并置的长方框，内刻单独植物图案，三层装饰从无到有、由简而繁。额枋下面有三角形外框的插角雀替，左右对称，框内各雕一凌空的天马，马头向后扭转，四蹄腾空跃起，两翼伸展，天马与流云穿插有序，繁而有致，隐隐有跃动之感。梁下两垂柱却素朴洗练，柱身有小弧面，柱头已不存。额枋之下是拱形门洞，拱门罩上的图案作各种博古器物纹样，以丝带束绕，更是延绵飞舞，与拱眼壁图案呈上下呼应之势。屋顶正脊两端饰兽头。整个门楼砖雕繁密紧凑，内容丰富，雕工精细，美不胜收。（图2-20）

图2-20 贾四爷院大门

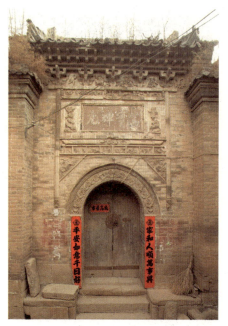
图2-21 旗杆院门楼

旗杆院门楼[1]，更显出特立独行的样态（图2-21）。门楼的整体形制和其他撇山影壁门楼的明间门饰、砖雕垂花门楼基本一样，自上而下由屋檐、线脚、斗拱、垂花柱、上下两道梁枋（都有连续方框图案）、梁枋中间的匾额、下额枋下面的三角形插角雀替、拱形门洞及拱门罩边框雕饰纹样组成。但在大门两侧沿墙面向外修筑伸出的二墙形砖柱，高度至上额枋顶端。柱顶正面和内侧（正面取与两侧面积相等的方形）作屋檐装饰。匾额内阴刻四字"笃实辉光"。除拱门罩边框的花卉砖雕和拱眼壁砖雕保存完好，其余雕饰皆破损。此门楼的另一特殊之处是拱眼壁上的六处砖雕，其题材全面，器物、植物、动物、人物齐全，形式自由，但都以特有的内容决定着形式的表现。这部分精彩砖雕将在下文专做论述。

---

[1] 旗杆院，原为张五典的弟弟张五美的宅院，因二门外原立有两根旗杆，表示宅主两人以上考取了功名。此院为典型"串串院"，即院中房屋上下层各自相通串联，东北角暗门可通往邻院，二楼也可通往邻院二楼，西房内的地下室暗道可以通登城砖梯。这种防御性城堡建筑可谓暗藏玄机。

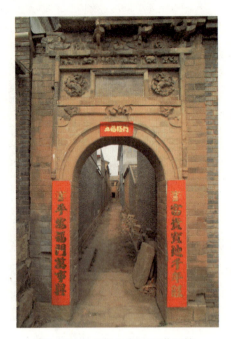

图2-22 尚书府上宅第二进门楼　　　　图2-23 南花园大门

　　尚书府上宅第二进门和南花园大门的两座门楼，其屋檐下皆为砖雕（前者四攒斗拱，且有损坏；后者六攒，基本完好），拱眼壁也为砖雕；都有两道额枋，上额枋两道线脚之间为几组相间并置的长方框、内刻单独动、植物图案；上下额枋之间镶嵌匾额，前者砖雕字已脱落，隐约可见"元吉"字样，后者书"南花园"，左右两侧方框内都为圆形动物砖雕；前者下额枋仅在中间部位和两边有雕饰，无插角雀替，后者下额枋下则作连续的砖雕挂落，挂落下面仍有三角形插角雀替；两门楼的拱形门罩只有边框而无雕饰。从砖雕的形态看，尚书府上宅第二进门楼兼采用高浮雕和透雕手法，所饰图案玲珑饱满；南花园门楼的砖雕纹饰则为平雕。遗憾的是，两门楼砖雕多残损。（图2-22、图2-23）

　　尽管漫漫岁月已磨平窦庄古堡院落建筑规整且堂皇的棱棱角角，剥蚀了那曾经精美绝伦的雕镂刻绘，但其幸存下来的一座座门楼，虽多多少少带有残缺，但仍可以让我们看到，这些门楼在依从程式化的规制中，每一座门楼都会因场地相异和主人的不同审美，做出别样的设计，都让人感受到他们精巧的工艺和独有的匠心，所有看去相类的门楼，无一雷同。因此，求同存异，灵活多变，才是窦庄门楼的最大特色。

⑤牌匾拱形式

窦庄传统的门楼还有一种匾额拱形门，它们形制简略，形态单纯素朴。像巷口的南门[1]、旗杆院第一进门、窦氏祠堂、凝瑞居、卢家院、敦睦宅等大门，都是这种样式。没有额枋、没有垂花、没有雀替，没有华丽的雕刻装饰，它们仅有屋顶、一个拱形门洞和门洞上方的匾额。屋顶由瓦檐和简单线脚组成；匾额以砖围框，框与墙面齐平，匾额浅凹，额题笔法娴熟遒劲，字形端丽稳健；拱门边缘无雕饰。（图2-22~图2-27）

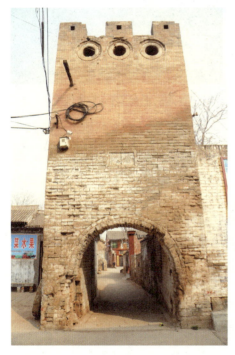

图2-24 南门

图2-25 窦氏祠堂大门

---

[1] 南门，张五典建筑窦庄古城堡内城的大南门。大南门高大厚实，城头有三孔圆形炮洞，下设拱形门洞，坚固实用。窦庄堡内城墙高10米左右，厚约1.5米，周长约768米。城四角筑有五层雕楼，东南西北四方各设大、小城门一座，大西门外设瓮城门一座，共九座城门。四大门通往四条街，五小门通五条胡同。

图2-26 凝瑞居大门

图2-27 敦睦宅大门

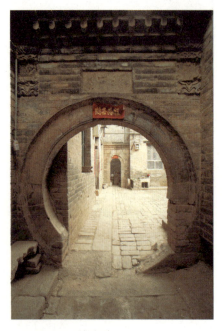

图2-28 卢家院二门

直行穿过卢家院的匾额拱形大门，便看到俏丽的圆拱形二门，这一圆形门洞既与大部分院落的拱形门洞相类，又新颖变化别具一格，让人在视觉上产生新奇感，不至于陷于单一样式的沉闷乏味中。屋檐下规整起伏的线脚虽然简单洗练，却比同类型其他门精致讲究。在山墙两侧上部还有墀头雕饰，图案已模糊难辨，工艺还算细致。二门隐在大门内，如待字闺中足不出户的小姐般精细雅致。（图2-28）

⑥中西结合式

前面我们看到窦庄的门楼，无

图2-29 常家大院门楼

论是木雕还是砖雕，既有关联，又相对独立。最妙的是无论怎么归类，都没有哪两座门楼是一模一样的。不过是一个村落的民居建筑，却演绎了中国古代门楼建筑的多种经典样式和丰富变化。不仅如此，明末清初的窦庄门楼还受到了西方文化的影响，出现了两座中西结合式门楼。

一是常家大院门楼。（图2-29）

常家大院在窦庄南街，为晚清建筑。据窦氏家谱记载，此院是村西贾四爷女儿的陪嫁。这所宅院的门楼临街，采用了中西结合的形式，用砖柱结构作四柱三间式，门楼底座为雕花须弥座。整体为传统撇山影壁式门楼，明间为大门、左右连接对称的照壁，平面亦呈"八"字形。明间和照壁原中式的屋顶房檐，被西式尖耸的三角形山花所取代，采用带有西方哥特式尖顶建筑的样式，并在尖顶处加饰火焰状砖雕装饰；明间和影壁之间增加了西式拔地而起的方形砖柱衔接，柱顶的高度直升至明间尖顶处，顶端以水滴状石球装饰，柱身仅低于大门尖顶的缀饰；并且两面影壁的外侧也增加了方柱，高度略低于大门两侧的方柱。柱顶装饰已失（院内有一失落的瓜式球饰）。方柱为四段式，由出檐断开，分为：地面至影壁底座上缘处（门墩石部位）、底座上缘至匾额下缘处、匾额下缘至屋檐处、屋檐处至大门尖顶处，上部顶端处和下部底座处有方框团花砖雕，上面的砖雕已经完全看不出刻的是什么图案，下面有些残留的砖雕部位可以看出是饱满的植物纹样。大门的门洞既不是方形也不是圆拱形，保留了立柱上搁置梁的基本样式，但梁是略微弯曲的拱形梁。门洞上方的匾额装饰呈横幅卷轴状，两边回卷，好像打开的画卷，很是别致，中间书"肃雍"二字。整体看这座门楼，在建筑结构的处理上，糅合了西式建筑中以高耸的立柱加强建筑伸向空中的崇高感，雕刻装饰洗练单纯，门楼更显挺拔和庄严。但进了大门，院内的建筑，从结构到装饰，又全然是传统中国式的。

另一处中西合璧式门楼，在张家九宅胡同内的寅宾院[1]。（图2-30）

如果说常家大院门楼在整体形制上保留中国传统样式还多一些，那么寅宾院门楼在窦庄就是最"洋气"的了，虽然它规模不及前者，只是单独的门楼，且工艺也较粗率，其所倚靠的两处建筑，也完全是常见的中式民居的后墙及屋顶，结合的有些别扭。然而，整座门楼的西洋化倾向更为鲜明，贴壁而起的1/2圆柱柱顶向下翻卷、柱头圆形瓜式装饰，形如今天的路灯、起伏的弧形山墙顶，以及山墙中央的浮雕西洋座钟装饰，这一切都是浓浓的巴洛克建筑风格的铺陈，上上下下散发着浓郁的异国风情。寅宾院大门的门洞形状和常家大院门洞相同，只是拱形梁上多了残缺的浮雕。匾额的"寅宾"二字，也多有机械雕刻的痕迹。匾额所在的两道额枋之间形成的矩形内，四个角都有三角形浮雕纹饰，上面两角为对称的飞马，下面两角则为花卉纹饰。下额枋下照例是插角雀替，这些又都是中式建筑结构和内容。先不论两种文化的碰撞演化是否成功，单就在这个小村落里可以存有不同的西式建筑风格就足以令人惊叹了。这么看来，借着西风东渐，小小窦庄，容者却盛。

关于窦庄的古建筑门楼无法——描述，经由这种样式差异而分类举例的方法，基本能得其大貌，概而全之。窦庄门楼既是独立的建筑，同时又

---

[1] 寅宾院，是张五典三子张珍的宅院。张珍遵父命，弃学业，选择管理家事。

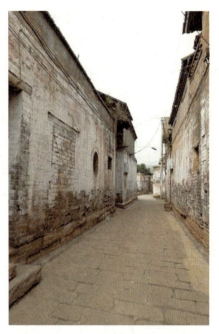

图2-30　寅宾院门楼　　　　　　　　　图2-31　窦庄门楼设置

容纳着太多的建筑部件，以至于我们后面具体的建筑部件装饰总还要不断涉及门楼里提及过的一些内容。中国古代对于居室建筑的重视总是在实用中结合着文化的因素，对建筑的装饰绝不仅仅是为了美化居住环境这么简单，精工细作的雕梁画栋更是缜密的思想表述，因而门楼装饰更恰当地说是一种独立而综合的建筑文化。

　　窦庄堡民居大院门楼丰富的样式、多样的构造、精美的雕饰已经在传递着一种与他处迥异的建筑审美和地方文化信息。同时根据门楼的具体位置和性质，又采取了进深不同的设置布局，充分体现了城堡式建筑的合理性和传递文化信息的精神性。（图2-31）

　　（2）窗——收四时风光，纳百年吉祥

　　窗之功用与演进　窗，作为建筑构件之一，是建筑空间和格局的重要组成部分。它可开可闭，既能通风采光，又能互通、转换其内外空间，还能传达主人特定的伦理观念和审美诉求。对于建筑来说，窗又犹如人之眼睛，因此，说它是传统建筑的灵魂，言不为过。东晋大画家顾恺之有一句名言"传神写照，正在阿堵中"，阿堵在吴语中的意思是"这个"，这里的"阿堵"专指人的眼睛。可见，画家认为人物画的精彩之处主要在眼，在眼神的传达。此一说法，后被大多数画家所接受，并成为评判人物画的重要标准。建筑也有神，也有灵魂，而单单靠砖石泥木的机械垒砌，只会增加它的高度、厚度和稳固性。我们可以想象，如果封闭的建筑没有门窗的开启，通风采光，引景入屋；没有丰富多变的花窗装饰为建筑呼吸和造景，提供神奇美妙的景致变化，无论是什么样的伟大建筑，都必然会失去其内在的生命。因此，窗口样式的设计，窗棂装饰的变化，恰如建筑之眼睛和眼神，在满足通风采光的基础上，驱走了围墙的沉闷，为建筑增加了如许的生动和活力。

窗，古时写作"囱"，《说文解字》这样作解："在墙曰牖，在屋曰囱。"即开在墙上的窗称作"牖"，开在屋顶的窗叫作"囱"。后来，"囱"字演化为"窗"，也就成了今天意义上的窗。据有关考证，迄今最早的窗是开在屋顶的，在新石器时代仰韶文化的建筑遗址中，根据考古专家对当时穴居房屋所绘的复原图，可以看到其屋顶上有一个"囱"。显而易见，它并不是我们今天认识的建筑中的窗户，但它确实已经具备了窗户的采光与通风的基本功能。其后，在浙江良渚文化的"卞家山"遗址中，考古挖掘到一件陶屋实物，窗的位置设在四面坡顶上，由此增强了我们对早期窗户的感性认知（图2-32）。人类显然不能满足只有实用功能而无装饰之美的窗户的存在，在随后的历史发展中，窗的形态随着建筑的发展大大地发生了改变。到宋代时，窗的装饰已经奠定了以后建筑的基本样式，并且在官方著作《营造法式》中，有关窗的不同类型、样式、尺寸和制作，都有了详细的文字解说和图样展示，同时建筑实物的存留也极大地丰富了我们对窗的直观感受和认知。

明清时期，中国乡土民居建筑艺术已走向繁盛和成熟。院落的布局多采用内向的合院式结构。由于在传统观念里有财不外露，以使居所的安全有所保障的需求，在民居的外墙上极少开窗。通常会把窗洞开在侧墙的高处，而且比较窄小，这样既可以起到防盗的功效，同时又可以采

图2-32 "卞家山"陶屋坡顶的窗 （楼庆西《中国传统装饰艺术》·中国时代出版社.2013）

光通风。那些精美华丽的窗饰，主要是开在院落内的四壁墙面上。由于社会地位不同，家庭的财力殊异，院落主人艺术修养有别，对窗的装饰便有了层次、风格上的区别。一般来说，官宅文苑的窗饰内敛儒雅，富商豪门的富丽堂皇，普通百姓的简练纯朴。从地域上看，北方地区的窗饰相对粗犷、厚重、富丽，更规整，南方地区的则更讲求精细、俏丽、华美，更自由。

鉴于北方气候条件，其窗户一般多糊有窗纸，加之缺少适合雕刻的木料，整体上木雕技艺不及砖雕，也不及南方。另外，北方冬季风大、干燥、寒冷，人们多居室内，很少在室外聚集，外窗的雕饰相对南方就比较简略和古拙。和南方的自由精巧的木雕窗饰不同，山西传统民居的窗饰主要是窗格图案的变化，从早期简单的直棂窗、方格纹，发展到后来逐渐出现各种复杂的窗棂纹饰。窦庄堡民居的窗格图案多变，窗棂装饰丰富，再者因以官宅为主，多体现了北方窗饰内敛、大气、厚重且通透的特点。

如诗如画的窦庄古堡花窗 穿过窦庄古民居的一座座门楼，步入一座座四合院内，各式各样的窗户会映入我们的眼帘。木制的窗户又以变化的花纹构成了不同式样的窗棂，其质地温润、造型灵动，妥帖地被安嵌在规整坚硬的砖墙中。一件件窗棂花样，如同一幅幅图画，缀织在墙面上，或疏朗有致，或点线穿插，或律动流变，或连缀不断，以代墙面……人在屋外观看，楼上楼下的砖墙木窗，生花若锦，美轮美奂。若临窗近瞧，细看那一幅幅雕花景致，煞是醉人；入得屋内，窗外的阳光又将窗棂的种种图像投映在墙壁和地面，随光转移，一时一变，生出万千新奇的图景。若推窗观望，顷刻间春夏秋冬四季景，尽收眼底。古诗有云：

"啼莺绰雕窗，走马闲金埒。"（明·曹学佺《晦日非熊叔虞茂之同用雪字》）

"复道文窗开扇扇，极目欲穷西楚甸。"（明·曹学佺《丹榴行》）

"柳户朝云湿，花窗午篆清。"（宋·张枢《南歌子》）

"花窗弄月晚归来，门迎蜡炬笙箫沸。"（宋·欧阳澈《踏莎行》）

……

这些花窗，带人走进了如诗如画的情境，若四时风光，似人生转场！

如果不是这些生动的窗孔和曼妙的窗棂，那直棱直角由砖砌造的一面面灰墙，该有多么沉闷，那沉闷砖墙围合的空间里将会何等了无生趣！

窦庄古堡窗户的设计 窦庄古堡民居建筑窗的装饰，首先是窗与墙的结合式样。

一般来讲，成功的窗洞造型设计，须考虑：窗的形制、尺寸，所在墙面开启的数量和位置，与特定的墙体的紧密结合，以及所呈现出的千变万化的构成美。窦庄古堡民居的建筑者在设计时，将窗洞以点、线、面为基本元素，或独立，或组合，妥帖地安置于一面面墙上，在材料的质地、布局的虚实、色彩的对比中，形成不同的形式节奏和韵律，奏响了多样宛转变化的窗棂乐曲。从窗与墙结合的角度看，这些建筑透露出一种淳厚质朴、中规中矩之美，也由此构成了较为固定的统一布局。这里窗和墙的嵌饰结合，主要有院落内四壁的墙面与窗结合，外墙与窗结合这两种形制。而在样式上，两种形制各自为单一样式，仅有个别特例。

窦庄堡院落内的四壁墙面与窗的结合相对生动。这里的古民居住宅多以二层楼房为主，这也是晋东南地区古民居的特色。一般一层住人，二楼储物。门窗在墙面上的安置，根据楼梯的隐蔽或外置来确定。若楼梯在院落的角落，则一层中间为落地门，左右两侧为对称的窗；二楼全部是窗，共三洞，位置和数量与一层的门窗形成上下对应的关系，规格尺寸上一般小于一层的窗，装饰上也较一层简略一些。若楼梯在楼房的外部，或有廊道栏板，门窗布置的基本形制与前者一致，但二层中间的窗户则由门取而代之。窦庄院内门窗的外轮廓基本都是矩形，有些门窗的门楣会有一些或弧形、或拱形的变化。（图2-33、图2-34）这种一门二窗和墙的结合取决于主建筑三间两房的格局构造。上下楼层的门窗均衡分布于墙面，木质门窗与砖墙面纵横交错，面积几近相等，窗洞的具体尺寸、形状则在细节上略有变化，整体上规整而素朴。

窦氏祠堂院内，可见这种窗与墙的典型组合（图2-35）。二层楼房，一

图2-33 院内墙与窗（麻林森摄）

图2-34 院内墙与窗

图2-35 窦氏祠堂院内墙与窗

层为一门二窗，二楼有三孔窗洞，上、下两层的门窗对置得非常整齐，即一层的窗（或门）对应楼上的窗，它们完全在同一轴线上且宽度一致，但高度相差近一半。一层的门和窗全为矩形，且门有门首、窗有窗首，门首窗棂为斜交方格纹；窗首为密集的小方格纹，大窗格内为简单的方格纹。二楼矩形窗的上缘檐边为弧形，均无窗首。左右两窗格内为斜交方格纹，恰好与一层门首窗棂的纹样交叉呼应，中间窗户的窗棂纹已失。不过顺此推理，可能是正交方格纹，与一层左右窗户的纹样一样，同为方格纹，亦形成交叉对应的形式构成。整堵墙面和窗户的结合，看似单调，却遵循着形式美的规律，在细节处注重变化，又避免细节过于突出。这是朴实无华的窗饰。

此外还有装饰较华丽的门窗，如寅宾院内的楼房墙面，一层的一门二窗上部都有半圆形的拱形罩（图2-34），彩绘雕刻花团锦簇；二楼也是一门二窗，它们的顶边为弧形边，亦雕刻彩绘花纹装饰。

除这种统一形式之外，位于北街的旗杆院内一幢二层楼房的正面，窗与墙的结合更显得独特新颖，可谓以窗代墙。（图2-36）

图2-36 旗杆院窗

从图2-36中可见，这幢楼房的正面，主要由大面积的木制门窗连接而成。这种以木制的门窗代墙，墙面以即门即窗的形式，即自楼下门洞直通整个屋顶檐下皆由大面积的门窗铺展开来。重复延展的方格纹窗格、简单雕饰的挡板和门板相连接。一个个如点的小方格置于矩形的大方框内，组成一块一块的格状窗面，各大方框的边框又以线上下穿插、纵横相交，既将整组窗户分割成几大方框单元不至于板滞，又将独立的窗洞有序衔接、整合，以防止零乱。小方格、大方框一起组成统一规整、小有变化的墙面，很像一幅现代设计中的"平面构成"画面，画框则是周边的屋檐与砖墙（即仅在建筑墙的左右两边缘以及近地面的底边保留有窄边的砖墙）。

楼房一层的中间为竖长方形门洞，两边紧连对称的正方形窗洞，二者的顶部边框连成等高的水平线，二楼上窗洞下边缘亦连成一条水平线，在这两条线之间隔着一条等宽的凹槽线，界限分明地将楼上楼下分隔开来。门首长方形窗洞内窗棂为典雅的獭亚纹，门洞的底边直抵地面。左右窗格则为简单的方格纹。窗户下面是通到地面的砖砌窗台。二楼则由三组相同的窗户组成，它们均为上部矩形窗洞，下部矩形挡板，窗洞统一为方格纹，每组挡板上刻有三格相同的云形纹。整个楼房的门窗组合形如倒"凸"字。如果细心观看，你会发现貌似一致的方格纹在尺寸和数量上是有变化的。一层左右两边窗洞方格纹的方格大小一致，尺寸略小于二层，以10×10的数量形成正方形窗洞；二楼两边窗户的方格尺寸大小一样，以长宽8×5的数量形成长方形窗洞，中间窗户的窗格尺寸略小于两边，以长宽11×5的数量形成长方形窗洞。二楼窗户下部的挡板和一层中间的竖长门板在形式上组合成宽边深色的扁"T"形，将楼上楼下糊有白色窗纸、带状方格纹窗洞分隔开，形成结构变化和色彩的深浅对比。这面墙的窗格纹样虽然简单，但大面积纸质的窗纸、木制的窗棂、砖砌的墙框，三种材质各以轻薄通透、温和柔韧、坚实稳固不同的质感节奏，合成一曲流动跳跃、琴瑟和谐的建筑韵律。不论是细节上的变化还是上下层的相互呼应，都和谐地归于整体。

窑庄另一种较普遍的窗与墙结合的形式，是窗与外墙的结合。外墙指的是楼房临街巷的墙面。通常在高大宽阔的墙面的高处，开一孔面积较小的窗洞，以圆形居多，也有矩形，还有个别开在低处或上下开两孔的。外墙上这种窗洞的设置，主要是在过去人们的观念里，有财不外露，暗屋聚财和安全防盗的意识。至于住宅房间内的通风采光的实用功能和显示门第的装饰作用，则由院内门窗来承担。也有人把这种窗叫作"牖窗"。

图2-37 外墙与高处圆形窗洞

图2-38 外墙与低处圆形窗洞

图2-39 外墙与方形窗洞

图2-40 外墙与方形窗洞

图2-41 方格纹·外墙圆形牖窗

图2-42 灯笼锦·外墙圆形牖窗

图2-43 外墙方形窗洞（棂条带有
直线纹）

图2-44 外墙圆形牖窗

窦庄古堡的窗棂花样 窦庄古堡民居宅院中的窗棂装饰，主要可见于院落内屋门顶端的风窗（横披窗）、居室隔窗及顶端风窗、开扇窗、落地窗和外墙的牖窗上。远观是窗与建筑的有机结合，走近再看那万千变化的窗格纹样和种种精妙的雕刻花纹，真让人难以置信，先人们是怎样地煞费苦心，一点一点地将这些花窗精心地安置在上面，有的取胜于窗楣的雕刻，有的妙在窗棂的纹样，有的美在格心的组构，有的因功能叠层加饰，有的似门却是窗……

窦庄堡门窗的木雕艺术，主要体现在风窗和窗格心的装饰上。其样式丰富、题材广泛，并是其建筑装饰中的重要部位。一般来说，门窗格心的装饰纹样主要有几何纹、汉字纹和雕刻等几种纹饰。窦庄堡门窗以几何纹饰为主，并有部分结合几何纹的雕刻纹饰，汉字纹饰很少。这与晋中晋商大院的门窗多以汉字纹装饰迥异。应该说，所有的窗饰纹样不单单是为装饰美化的，通常还有特定的寓意，用来寄寓人们对生活的美好祈愿。

几何纹是一种线的艺术，也是中国传统纹样中的典型纹样。我国古代建筑门窗上的几何纹，无论是直线、曲线，或混合线，它们总是遵循着一定的、较为严整的形式美法则，依循一定的规制，有特定的比例、韵律和节奏感，体现的是一种规则的构成之美，并偏向于理性的表现形式，其中渗透的是中国人的感性情怀。西方现代艺术家克利曾说过"Taking a line for a walk"（带着一根线去散步），虽说这里更多地指的是自由的线的流动，偏于感性的表现形式、个人情感或纯粹的形式美的传达。然而，东西方艺术在对线的认识和造型上不谋而合。按照侯幼彬的《中国建筑美学》中的观点，窗纹装饰的几何纹饰，分为平棂构成和菱花构成两种类型。平棂构成的运用很广泛，通常见于民居建筑和园林建筑，是民间窗饰的主要类型。而菱花构成，则多运用于宫殿、坛庙、寺院等较高规格的建筑，是一种棂心构成。作为民间乡土建筑，窦庄的窗饰以平棂构成普遍多见，其主要表现样式可分作几种：

A．直棂条式

即条纹型的直棂窗。这种窗饰是出现最早也最常见的窗格形式，以等距离的竖直棂条排列构成，简洁大气，采光、通风、望景性能最好，制作也简便。其意为宅院主人为人正直，光明磊落。

B．一码三箭式

在条纹型的基础上加几条或几组卧棂，或说将直棂窗的长形方格再行分割，便形成柳条型。比较经典的纹样是"一码三箭"，也叫三条线（图2-45）。这种构成形成视觉上小方格与长方格的疏密对比美。据说这种纹样的"三"有以下含义：一是天，二是地，三是人，天地人同在则万事万物呈现；同时也象征着无穷的箭悬于门窗上，一可以驱邪

图2-45 柳条纹（"一码三箭"）·慈母堂二层开窗

避恶，二可以展示天威、护佑家族，三可以猎物求财聚福。慈母堂院内二层的开窗隔扇就是这种经典的窗棂构成纹样，疏密有致，素朴端庄（图2-46）。院内一层隔扇的风窗格心则为横向分割的卧棂柳条纹（图2-47），这样，处于同一院落的窗格棂心构成既统一又有变化。此外，

图2-46 柳条纹·慈母堂二层开窗

图2-47 卧棂柳条纹

图2-48 柳条纹、方格纹·贾家大院窗

佛庙、古公堂、贾家大院等院落耳房的窗棂大多为加一条卧棂的柳条型纹样。（图2-48）

图2-49 网格纹·过街楼

图2-49是一处较为别致的建筑，叫过街楼。在狭窄的巷道上空连通两边的慈母堂和旗杆院。这是窦庄"串串院"城堡式建筑独有的设计，村内各院之间是相互串联的，如果遇到这种被街道隔断的情况就采用过街楼的形式来连接，也就是封闭式带窗户的通道。所以"过街楼"的窗，又兼具栏杆的性质，选择细密的网格窗棂纹样，置于不事装饰的巷道内规整有序，视觉上不突跳。而且，过去的女子可不像现在这么自由，是不能随便外出的，要想看看外面的红火热闹、喜丧大事，只能隔窗而望，

这样，窗内的人看窗外清清楚楚，窗外的人则只见窗内人影却看不清是何人。

C. 网格式

这种网格式窗棂纹样，民间也叫豆腐格，就是以竖棂和卧棂交叉构成方格或方菱网格。此种网状的纹样早在新石器时期，我国彩陶器皿上就已经出现。作为原始人描画的"网"纹，早已具备了多多捕获捞取鱼虾的意旨。而捕获到的鱼，又因谐音"余"，后来就被用来象征财富有余了。同时，每一方格又取正直不阿的寓意。将以上意思串起来，就是为人正直的宅院主人，希望取财有道、致富有方、财富有余。从形态上看，以简单的方格形成密匝而规律的网格图案，方正简朴，本分规矩，也象征着做人的根本。网格纹是窦庄窗棂纹样中较为多见的一种，很多院落都有这种窗棂

图2-50 网格纹·当铺院横披窗   图2-51 网格纹·窦氏祠堂二层窗棂

图2-52 网格纹·窦氏祠堂横披窗

纹饰。（图2-50~图2-52）

　　窦庄网格式纹样中，还有一种类似波纹曲线构成的网状纹，也即自然界中水波的图案化。从样式形态上看，这种纹样连绵不断，自然有着财富、福寿延绵的寓意。在中国传统文化中，就有"上善若水"之说，即以水作喻，希望人们做人能够虚怀若谷、厚德载物，拥有像水一样海纳百川的胸怀，以此造福万物、滋养万物。与方正的方格纹同样，波纹在视觉上以单纯而重复的纹样铺展开来，整齐而规律。不同的是，以曲线交错代替直线相交，造型上变方正为柔和，也许其中还在暗示人们做人除了正直规矩，还要谦和灵活吧。当铺院入户门顶端的横披窗，便是以这种纹样为主纹的。做生意和为官不一样，待人接物需要灵活善变，同时，希望财源连绵不绝。（图2-53、图2-54）

图2-53 网状水波纹·当铺院横披窗

图2-54 网状水波纹

图2-55 网状柿蒂纹·当铺院横披窗

图2-56 双交四阿方菱形纹·贾家大院横披窗

　　图2-55和图2-56两种窗格棂心纹样是方菱形纹和曲线的混合变异纹样。当铺院入户正门宽1.55米，高2.87米；其顶端横披窗宽1.55米，高0.69米。（这两组数据是窦庄一般民居门窗的基本尺寸）它们的格心装饰

是典型的柿蒂纹。是由单独的形如柿蒂的图案向上下左右四方延续，远看是大面积的方菱形纹，近看则细致绵密有如一朵朵圆形的团花相连而成。中国传统民俗文化中，非常善用谐音来取吉祥之意，"柿"的谐音是"事""柿柿相连"，顺展铺开，寓意"事事如意"。

贾家大院横披窗（图2-56）的格心纹样则是仿宫廷的双交四阿方菱形纹样，这种纹样规制高级，多用于宫殿、寺庙的隔扇门窗。由两根木棂条相交并在相交处附加花瓣，从而形成放射状的连续菱花图案，一般都是窗棂红漆，花瓣贴金，富丽堂皇。民间民居通常不能采用。窦庄人有在朝廷位居高职者，自然熟悉宫廷的种种建筑型制、装饰，他们借用了双交四阿菱形纹样的基本样式，保留木料的素色，无红漆不贴金。

D.纹样套接式

这是一种以横竖棂以丁字榫接呈套接状的花纹装饰，有龟背锦、风车锦、灯笼锦、步步锦、席纹锦等棂心纹样构成。窦庄窗饰的此类纹样主要有龟背锦、风车锦和灯笼锦。

龟背锦，也称龟甲纹。通常由方形和八角形套接形成形似龟甲的图案。如图2-57、图2-58，慈母院一入户门顶端的风窗棂心便是这种龟背锦纹。它们以自然界中江河湖海里的龟甲做象形图案，代

图2-57 龟甲纹·慈母堂横披窗

图2-58 龟甲纹·慈母堂横披窗

表宇宙中神灵使者的象征符号。在我国古代北玄武（龟和蛇）、南朱雀、西青龙、东白虎为四方之神，它们有祛邪、避灾、祈福的作用，其中龟主兆吉凶。几何纹的龟背锦组合图案规整有序，不仅好看，而且还内涵健康长寿、无灾无难、平平安安。表达了建造宅院者对生命安康的祈愿。

灯笼锦，由字面可知，这种纹样是以灯笼为原型的几何变形图案，自然象征光明，寓意宅院主人的事业蒸蒸日上、前途坦荡光明。同时，灯笼相连，灯火通明，可使邪恶势力无处可隐，喻示宅院的安全有保障。这一纹样源自宋代成都的一种锦名，其锦纹用金线织成极具装饰性的主体灯笼形状，再配饰以流苏和蜜蜂。流苏在这里既是灯笼的坠饰，同时也是谷穗的变形图案，意即"五谷"。再取蜜蜂的"蜂"、灯笼的"灯"的谐音"丰"和"登"，连起来就是一句"五谷丰登"的吉祥语，象征主人财源不断、丰衣足食。到明清时期，灯笼锦作为一种成熟的纹样频繁出现在建筑装饰中。在窗饰中由原本较为具象的织锦图案发展转变为抽象的几何纹装饰图案，成为窗棂装饰常见的经典纹样。通常以大方格相叠压，四角相交处形成小方格，再由横纵相交的十字直线串联。在方格中心或窗心又多饰以如意、花瓣等吉祥图案。有的以直线为主、有的转角处变为抹角弧线，变化十分丰富。窦庄是以官宅为主的民居建筑，住宅主人自然希望自己的仕途光明通畅，也希望为父老乡亲谋求安定富足的生活。慈母堂、旗杆院、寅宾院、贾家大院等很多院落都使用这种窗棂纹样，有的纹饰较为细腻华丽，如旗杆院一处门顶端的横披窗灯笼锦，在框格底纹上，中间为常见的如意花瓣纹，两边为对称的四叶花瓣纹（图2-59）；还有一种是整面窗户仅在窗心加饰一个如意四瓣花纹（图2-60），或在花瓣纹外缘再镶饰一个菱形外缘，寅宾院、古公堂、贾家大院等院都可以看到这种窗饰。贾家大院一处门上横披窗的灯笼锦纹样为最基本的框格构成，无其他纹饰加缀，倒有点洗尽铅华之感，尽显淳朴端庄（图2-66、

图2-59 灯笼锦、花瓣纹·旗杆院横披窗

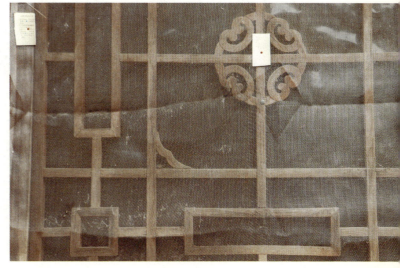

图2-60 波纹、灯笼锦、如意花瓣纹·慈母堂格心

图2-61 菱形纹、灯笼锦·贾家大院窗　　　图2-62 灯笼锦·寅宾院窗楣

图2-63 灯笼锦·寅宾院窗格心

图2-64 灯笼锦·寅宾院横披窗格

图2-65 灯笼锦·古公堂横披窗

图2-66 灯笼锦·贾家大院横披窗

图2-67 灯笼锦·贾家大院横披窗（局部）

图2-67）。慈母堂一处灯笼锦窗棂纹样也是这种感觉。（图2-68）

古公堂是窦庄遗存的一处古吏治建筑。其主体建筑是公堂，基本形制和其他居民一致，主房带左右两耳房。不过明显不同的是，主房低两侧耳房高，恰好与一般民居主房高两边耳房低相反。主房带前廊，屋檐前伸、石柱相擎，雀替展翅、墀头生花，整个建筑对称规整、气势威严（图2-69、图2-70）。主房内墙一层门高大窗宽阔，尺寸比一般民居的大，棂心纹样精细丰富。门通高3.69米，

图2-68 灯笼锦·慈母堂窗

图2-69 古公堂（主房低，耳房高，门小窗大）

图2-70 古公堂挂牌

图2-71 灯笼锦·古公堂横披窗

图2-72 灯笼锦·古公堂外层窗

图2-73 步步锦、三连环纹、蝙蝠纹、菱形纹、波纹、龟甲纹·古公堂里层窗

宽1.77米；顶部横披窗高1.03米，宽同门，窗格内直线构成灯笼锦纹样，每一单元框格中心为如意花瓣纹（图2-71）。左右两窗户通高2.67米，宽2.03米，窗棂纹样一致对称，它们顶部的横披窗棂格纹样为八角龟甲纹。主窗高1.97米，近似正方形，它们分层而设，纹样丰富多样；主窗的外层窗（现外层窗仅存一面）图案与门顶端的风窗棂心图案一致呼应，亦为灯笼锦，但在木棂结图的框格边缘转角处变化为弧形如意纹（图2-72）。内层窗则被分割为"田"字形四组基本相同的单元窗格纹样，分别由菱形纹、波纹、步步锦、三连环、蝙蝠纹等组成，均等而富于变化，样式别于村内一般民居的窗棂装饰（图2-73）。由于一层的门窗高大，二楼窗户则较为靠上紧贴墙顶，比较扁窄，视觉上也基本被斜坡前伸的屋檐遮挡住，窗棂纹样为普通的网格纹（图2-74）。两边耳房窗棂纹样以柳条

图2-74 方菱形纹、灯笼锦·古公堂风窗

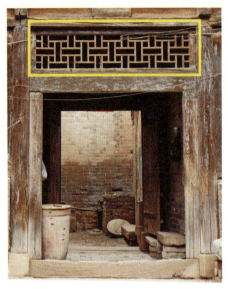

图2-75 黻亚纹·旗杆院横披窗

纹和方格纹为主，与正房形成鲜明的主次关系。

E. 变体组接式（文字变体组接式）

即横竖棂、交叉、丁字或拐弯，或呈一定角度组接，构成双向连续的图案。如亚字锦、万字锦、星光锦、金线锦等。窦庄这种将文字作变体组接构成的窗棂纹样主要有亚字锦、风车锦和万字锦。

亚字锦，也叫黻亚纹，是横竖棂仿"亞"字组合，看似一个一个简单的亚字，在中国文化中却含义深远。就结字看，"亞"字是由两个相背的"弓"字组成的，为次第之意。还有一种观点认为，"亞"寓意明辨是非。旗杆院正门的横披窗是常

图2-76 黻亚纹·旗杆院横披窗

图2-77 亚字锦·旗杆院开窗

见的很经典的戬亚纹（图2-75、图2-76）。这种在二楼开窗上装饰的亚字
纹，并不多见（图2-77）。

　　风车锦，传说风车是西周姜子牙为镇妖降魔发明的，所以也叫吉祥
轮、八卦风轮。卢家院横披窗（图2-79、图2-80）、当铺院横披窗（图

图2-78 风车锦·当铺院横披窗　　　　　图2-79 风车锦·卢家院横披窗

图2-80 风车锦·卢家院 横披窗

图2-81 风车锦·当铺院横披窗

2-78、图2-81）都是风车锦纹样。它们的连续构成形态，也较一致。风轮旋转意寓祈求风调雨顺。风轮转动之声，是比喻和谐之意。故风车纹样是四季平安符，代表喜庆和吉祥。

万字锦，万字纹，即"卍"字纹饰。"卍"字纹，早在新石器时代的陶器纹饰中就已经出现。据说，它是古代的一种符咒，常被认为是太阳或火的象征，有护身符之用。"卍"字也是一种宗教标志，在梵文中意为"吉祥之所集"；在佛教艺术中，它通常被画在佛像的胸部，有吉祥、万福和万寿的意思。"卍"字纹，直到唐代武则天时期才被读作"万"。"卍"字的四端向外延伸，可以形成或演化成各种回旋、动感的形态。单个的"卍"字为元语言，在窗棂纹饰中，有时作正置。旗杆院一层的窗心、二楼的护窗，都是这种正置的万字纹样。它们以四个单独的万字相连接，中间形成一个"亞"字的组合纹样（图2-82、图2-83）。有时则倾斜45°斜置，燕桂传芳院中的两处门的顶端横披窗，就是这种斜置延伸的万字锦纹样（图2-84、图2-85）。它们或方正，或拉长，组合成平展开来的二方连续纹样，或是上下左右延伸出的四方连续纹样。"卍"字纹，无论怎么组合变

图2-82 波纹、万字纹·旗杆院

图2-83 万字纹·旗杆院护窗

图2-84 万字纹·燕桂传芳院横披窗

图2-85 万字纹·燕桂传芳院横披窗

化，都可以绵延不断，这种连续的纹样有"万字不到头"的含义，蕴涵了人们对幸福美好生活的渴望和祈盼，常常用来寓意福寿绵长和万福万寿不断头之意。

F.其他样式

还有一种边沿构成，就是沿格心的内缘四周作横竖榠各种构成，中

图2-86 方菱形纹·慈母堂落地窗

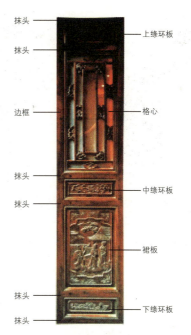

抹头　　　　　　　　上绦环板
抹头
边框　　　　　　　　格心
抹头
抹头　　　　　　　　中绦环板
裙板
抹头　　　　　　　　下绦环板
抹头

图2-87 六抹头隔扇（此图引自楼庆西《中国传统建筑装饰艺术》）

心留空，留空的部分又称窗心，可以透空、安装玻璃，或者裱画、嵌雕版等等装饰。前面的古公堂正房左右两侧的窗沿装饰就是这种装玻璃的棂心构成。

　　在慈母堂我们还看到了落地窗（图2-86）。落地窗，也叫隔扇或长窗，在古代建筑中较为常见，但在窦庄古建中很少。慈母堂的落地窗是可以开启的四扇样式。隔扇由几部分分隔的部位组成，由抹头间隔开上绦环板、格心、中涤环板、裙板、下绦环板，外围圈以边框。图2-87中的上、中、下绦环板都雕刻有图案，格心窗棂纹样也采用了常见的步步锦。慈母堂的隔扇各绦环板不饰雕刻，格心也是平常而朴素沉稳的方菱形纹样。此院因已无人居住，显出荒芜和颓败的迹象，但从其独特的牌匾门楼和少见的落地隔扇、规整的菱形网格装饰中，依然可以透露出院落主人的勤谨持家，讲究生活质量的厚重文化底

图2-88 慈母堂落地窗

蕴。（图2-88）

　　以上几种窗棂的构成形式并非是彼此孤立的，事实上我们看到的窦庄窗棂更多的是几种纹样的组合和变通。尤其是窦庄的门或窗的形制，其正门和主窗的上面都有横披窗，这样窗户格心的构成，一方面表现在主窗和其上横披窗构成的不同，一方面又表现在同一窗洞内不同格心的构成。为强化装饰效果，在平行双棂之间，有时还会镶嵌文字、套环、方胜以及各种花卉、动物雕件，使其变化组合更灵活，纹样形式更美观。还有一点，在古公堂窗户装饰中有蝙蝠雕件，如果说窦庄窗饰的动物或花卉比较少的话，那么在其他木雕构件中，蝙蝠这种动物形象尤为多见。"蝠"与"福"谐音，随处可见的各种蝙蝠纹样表达了人们对多"福"、平安的强烈愿望。窦庄窗饰的多样性丰富性，基本上是通过几何纹样的组合和变化来呈现的。从中反映了时人对幸福生活的向往和种种吉祥寄望。这些或横或纵的窗棂，通过不同的间距、交叉、组合，形成了大小、长短、宽窄不同的几何形状，构成了各种各样抽象却寓意深长的图案。先人们的智慧借助着这些整齐规律、充满韵律和节奏的窗棂纹样表现出来，这些线条的平面构成，寓意虽不及花卉或动物或人物故事那么直白和明显，然而正是凭借它们抽象的形式美，以重复的姿态和重复的力量，形成强烈的视觉冲击力和感染力。

（3）栏杆——雕栏花样自称奇

雕栏玉砌应犹在 窦庄堡内有一座院落，门头匾额上书"燕桂传芳"四字，是明崇祯皇帝御赐的。明末农民起义频起，据《沁水县志》记载，"崇祯三年，流贼王嘉胤率众六千余人犯窦庄"，其后又两次攻打窦庄。其时村中百姓惊恐欲逃，张氏家族的成年男子又大都在外做官，只有兵部尚书张铨（张五典长子）的遗孀霍氏留守家中，危急关头霍氏夫人亲率众僮仆一边继续加固完善窦庄城堡的建造（张五典在张铨战死辽东的第二年，即1622年，便告老还乡，"度海内将乱，筑所据窦庄为堡，甚坚"），一边组织大家加紧训练以抗大敌，众志成城坚守御敌，最终保全了张氏宗族和窦庄城。此段历史《明季北略》有记载，并言"冀北兵备王肇生表其堡为'夫人城'"。窦庄堡就此声名大扬。随着时间的推移，"夫人城"的赫赫名声在历史中渐渐远去，曾经坚不可摧的窦庄堡也慢慢开始颓败倾圮。如今，已无法重现窦庄堡当年的完整辉煌，只是巷陌院落之间，我们寻寻觅觅——雕栏玉砌应犹在？在窦庄城明清古民居四合院内，二楼的防护隔断栏杆，根据院落的规模呈现大大小小繁简不一的形态，栏杆上变化丰富的棂条花格、云拱雕刻、栏板雕饰、地栿构件……点点滴滴都是窦庄堡辉煌历史的见证。

栏杆与窦庄花式栏杆 栏杆，是建筑构件之一。竖木为栏，横木为杆，为防护而设，进而装饰美化，以成雕栏。在传统建筑的室内、室外，诸如楼阁、廊道、桥头、水榭、扶梯等，都会用到栏杆。早在南北朝时期，栏杆的形制就已形成。栏杆的构成和各部位的雕饰，总是花样翻新、美不胜收。到明清时期，栏杆在装饰上更趋繁复多样，材料除木雕外，砖、石等材质亦有所发展。

根据样式和功能的不同，栏杆又分：常见的寻杖栏杆，设在台阶踏跺两边的垂带栏杆，只有栏板和望柱的栏板栏杆，只用栏板不加望柱的罗汉栏杆，只有棂条没有栏板的直棂栏杆，可供坐靠的坐凳栏杆和靠背栏杆，以及瓶式栏杆和花式栏杆等。

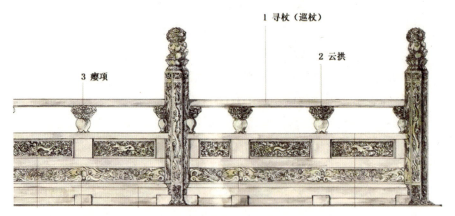

图2-89 寻杖栏杆（王其钧《中国建筑图解词典》机械工业出版社.2007）

　　窦庄古堡栏杆的主要样式是花式栏杆。这种栏杆，也叫花栏杆，装饰性极强。它以寻杖栏杆（图2-89，寻杖栏杆从上往下由寻杖、云拱、盆唇、栏板、地霞和地栿构成）为基本构成。其制作，一般以横枋代替寻杖，横枋下面为云拱，云拱之下就是花式栏杆的主要装饰部位——棂条花格。这部分的棂条组合纹样类似花窗的棂心构成纹样。各栏杆的棂心花格，纹样丰富、变化多端，以不同的重复图案呈带状展开，形成大面积有秩序的连续纹样，十分好看。棂条花格下面就是栏板（也叫花板）了，通常这种栏杆的花板不做雕饰。其独到之处在于，一方面形成棂格花样的繁和花板不事修饰的简的主次对比；另一方面，通透轻灵的棂格纹样，和厚重的花板遮挡，将栏杆的装饰美化和坚固耐用完美地结合在一起，起到了相得益彰的艺术效果。

　　别出心裁的窦庄花式栏杆　窦庄古堡各院落内的栏杆纹样样式比较集中、规整。

　　常家大院院内主建筑二楼的栏杆，为直棂纹花式栏杆，素朴而单纯。其栏板与栏板之间的望柱，由直通檐顶的木质廊柱替代，下面连接着一层的砖质廊柱。这样，廊柱、栏杆、伸出的屋檐，和柱顶两侧的雀替（图2-90）就形成了

图2-90 直棂纹·常家大院花式栏杆

房屋外面的一层装饰隔断。由下而上的材质变化，既考虑建筑的坚固性，又考究建筑装饰的节奏变化；同时避免主人的居室直接外露，体现出主人的尊贵身份和地位。这里的直棂花格装饰，整体上看十分简洁，但单个的棂条并非毫无变化的直棂条，而是花式直棂条，可见设计者除了对整体设计的宏观把控，还很注重局部细节的变化和处理。尤其值得一提的是，横枋和盆唇之间的云拱，其外形保留了传统的云纹形状，但仔细辨析，实际上被雕刻成蝙蝠图案。这种将栏杆云拱代以蝙蝠纹，同时起到结构和装饰的功用，在窦庄很普遍。有的粗略只雕外形，有的却雕刻生动而具体。在整个沁水流域一带的民居栏杆中，这种蝙蝠部件都很常见。蝠，谐音"福"。祈福求顺，无论古今，不论贫富。直到今天，每逢过春节，几乎家家户户还会在家里张贴喜庆吉祥的"福"字。再就是地栿部件的雕刻处理，正面镶饰以点状的乳钉纹，下缘修饰为倾斜对向的锯齿状，以此打破了其上未作装饰的平面栏板的简洁与单调。

图2-91 常家大院"福禄寿"木刻小件

在二楼栏杆底端和一层廊柱顶端的中间，还装饰有独幅彩绘木雕小件（图2-91）。此雕饰小件呈长方形画幅，尺寸不大，却人物、植物、动物皆有，圆雕、透雕、线刻皆备。画幅左右两边是对称略微倾斜的松树树身，伸至顶端枝繁叶茂连

图2-92 常家大院挂牌

成一片，两树相连就好像撩幕一般。撩幕内，左边是探身扭颈回首的鹿，鹿角大得有些夸张，其中一只鹿角都垂到了画中地面，中间是挂着拐杖的老者，大大的脑门，长长的白须，一脸的笑意和福相。他一手拄杖，一手向前牵绳拉鹿，头向前倾，脚向后蹬，憨拙可爱，极富动态，同时挡住了鹿的后半身。老者身后是置身两树干之间的鹤，红嘴长脖，半扇大翅遮住了身体。画幅构图，密匝却不拥堵，各形象遮挡穿插，处理得很是巧妙，立体感、空间感十分强烈。而人、鹿、鹤又显然寓意"福禄寿"。在"福禄寿"单幅装饰木雕的两侧，上下廊柱之间的正面，又饰有两对竖长方形画幅，上刻有瑞兽图案。内侧一对是麒麟（图2-93、图2-94），它们身体相向而立，分别用前爪抓地，又扭身向后抬首，圆硕的后臀高高撅起，这

图2-93 木雕麒麟　　　　　　　　　图2-94 木雕麒麟

图2-95 木雕狮子（狻猊）　　　　　图2-96 木雕狮子（狻猊）

样头低臀高处恰在一条对角线上，形态夸张，构图有趣。外面一对是狮子
（图2-95、图2-96），则相向而立，脚蹬绣球，向下观望。这两对麒麟和
狮子主要采用浮雕和透雕手法，造型稚拙，却灵活生动。这些木雕造型，

图2-97 灯笼锦·寅宾院栏杆

图2-98 灯笼锦·寅宾院栏杆

形象夸张生动，拙中藏巧，形简意明，将民间艺术和吉祥文化巧妙自然地安置在一起。时时处处寄寓着人们对美好生活的期待和渴望。

　　另一处形制和常家大院栏杆一致的是寅宾院的花式栏杆（图2-97）。主要的区别是棂条花格纹样不同，寅宾院为典型的灯笼锦纹样，单纯的框格几何纹构成规则、重复、有流动的韵律感（图2-98）。
横枋和盆唇之间亦为蝙蝠纹雕刻，栏板平整无雕饰。楼上楼下两层间隔
中亦装饰有彩绘木雕小件，内容均为单支花卉（图2-99）。这两院的栏
杆完整而有气势。

　　窦庄四合院是以防御功能为主的，因之它的楼梯多为隐蔽式。由角落

图2-99　木雕小件

图2-100　万字纹·当铺院内栏杆

而上的楼梯上端安置着窄小的廊道和
栏杆（图2-101），它们虽隐蔽窄小
却精工细作，亦采用花式栏杆样式。
如当铺院正房一侧角落里的一处栏
杆，其横枋、望柱都精心打磨，横平
竖直；棂心花格为万字纹，规整而细
致；地栿上也饰有乳钉纹。论气势规
模，角落里的栏杆不及正面主建筑的
栏杆恢宏气派；论精致细腻，当铺院
角落的栏杆却倒有着小家碧玉般的温
润精巧。（图2-100）

窦庄另一种主要的栏杆是仿罗
汉栏杆而制，构造极为简易，取材
工艺也很简率。通常设在有外置楼
梯的建筑中，仅在二楼中间的位置

图2-101 万字纹·当铺院栏杆

图2-102 方菱形纹简易栏杆

图2-103 风车锦·卢家院栏杆　　　　图2-104 直棂纹·贾家大院栏杆

处搭一平台外加栏杆，此处的栏杆没有望柱，两边是通顶的撑柱，中间是棂条花格栏板（图2-102就是这种栏杆形制），采用方菱形（网格）纹，民间民居的简陋和讲究由此可见一斑。也有这种因外置楼梯而搭建楼台修建栏杆的，却采用装饰性较强的花式栏杆样式，只是规模小了很多，选材、做工粗糙了些。卢家院、贾家大院内都有这种栏杆，横枋、望柱、蝙蝠云拱、风车锦、直棂条纹样的棂条花格、曲线收边的地栿一应俱全。（图2-103、图2-104）

（4）雀替——梁间飞鸟

雀替　雀替是传统建筑构件之一。所谓雀替，即建筑的立柱与梁枋相交处的托座，其造型很像展开双翼的鸟雀，故名。鸟雀的双翅是身体最美的部分，在梁柱之间更是被雕绘得千娇百媚。雀替既可以有效地增强梁枋的径向剪力，也可以延伸木柱梁枋纵跨度的应力，从而加强了梁枋的抗弯能力，具有承重和固定结构的作用。事实上，雀替在建筑中，算不得很重要的构件，但它的装饰性和艺术性，却历经几朝几代的发展，演变得独特而完美。

准确地说，雀替是一种通俗的叫法，专业的名称应该是"替木"。替木按理属于斗拱类，不过因其位置在梁枋下面，地位低于斗拱，但肩负的作用没有区别，而且同斗拱一样，逐渐向装饰性发展。因此，从艺术的角度上看，雀替完全具有独立欣赏价值。

雀替最初见于北魏佛教石窟中。宋代时大多只用于内檐的修饰，并有极简单的彩绘。明代初期，也不过是柱与阑额相交接处的一根拱形横木，造型简单。明代中期以后，雀替才开始广泛使用，并且在造型构图以及装饰手法上别有出新，总体来说，形态简洁，风格粗犷。清代以后，雀替发展成为一种成熟、独具风格的专门构件，不仅在建筑工程中常常被使用，也广泛见于各种木构架结构上。此时，它已被列入官称，成为中国古代传统建筑中木作"八木"之首。雀替的成熟完备，极大地丰富了中国古典建筑的形式。自此，其设计和制作，逐渐趋于雕琢刻画，雕刻彩绘无所不用其极。其轮廓打破单一的直线，出现各种曲线的造型，外形变得丰富自由，装饰趣味十分浓烈；在张开的双翼轮廓内，又有人物、动物、植物等各种造型，题材丰富形式不一，雕饰手法多样，风格多变。雀替日渐发展成为具有独立美学意义的建筑构件。

雀替的样式和名称相当丰富，既有南北方地域的差异；又因其所在部位的不同，形制有所差别；而随着样式形态的变化，名称也随之而变。为了认识上的便利，一般将雀替分为六大类：大雀替、雀替、小雀替、通雀替、骑马雀替、花牙子。南方的雀替名称更有意思，什么连机、梁垫、插角、撑弓，还有牛腿、竖狮（图2-105）……光听名称，都有点缓不过神来。其实，这些名称不是从雀替所处的部位来命名，就是依雀替的形态特征或功能来取名。比如说大雀替中的撩幕雀替，就是从早期佛教拱券式石窟门洞的上方那类似撩起的幕帘装饰加以命名的。还有与这种曲线造型相反的方正刚直的博古雀替，在几何形方框中会雕饰各种博古器。在牌楼建筑中，雀替造型更与众不同，会在雀替下端加上云墩。云墩，就是在雀替下面贴于柱身的竖长支撑物。通常刻绘以云纹，这是由于牌楼的明间和次间的面阔不同，高低也不同（牌坊的明间高，两侧的次间则会降低额枋的高度）。这样柱顶就无法安置两侧贯通的雀替，只能采用单向插件，自然达不到贯通的雀替，以承担加强梁枋的能力，时间久了，难免还会脱落。所以要在雀替下面添加云墩，以起增强支撑的作用；与此同时，也增强了装饰性。如此一来，就出现了因建筑不同，雀替构件也会相应变通的现象。小雀替，即体量小的雀替。骑马雀替，则是因为柱间距离小，故而左右雀替连在一起，看起来像马鞍倒悬在梁

图2-105 竖狮（图片引自张道
一《中国古代建筑》丛书

图2-106 乔家大院骑马博古纹雀替

图2-107 牛腿（图片引自张道
一《中国古代建筑》丛书）

柱之间（图2-106）。牛腿，是用圆木
为原材料，形如粗壮的牛腿，安置在
梁枋与立柱交点的角落，起着明显的
支撑功能（图2-107）。等等。雀替的
样式和名称之多就不一一赘述，仅由
此已领略到雀替变化之复杂，艺术之
丰富。

　　不过在窦庄，雀替的样式并不算太
多，但也可以让我们借此一窥雀替艺术
的精妙。常家大院二楼屋檐下、寅宾院
一层额枋柱间，以及卢家院都有体量小
巧的小雀替。它们的样式很简单，两个
院落均采用左右反向、单体朝外的斗拱
支撑，以形成雀替，紧靠柱子内侧的拱
作内卷状，这种简单而小巧实用的雀替
在窦庄较为多见（图2-108）。卢家院的
小斗拱显然是撩幕大雀替的简化和缩小

图2-108 常家大院小雀替

图2-109 卢家院云纹小雀替

图2-110 卢家院云纹小雀替

版，仅作几个连续的云形轮廓形成鸟翅的样子，左右对称。在院落高耸的二楼柱顶，在屋檐之下，几组小雀替均匀分布，像极了几只可爱的小雀鸟刚刚落在梁柱间，回到窝巢，还没来得及收回翅膀；又像是它们在这里做过短暂的栖息、嬉戏玩闹后，正展翅欲飞（图2-109、图2-110）。还有一种雕花小雀替，它们高高悬饰，犹如挂在空中的花篮一般，醒目怡人。它们构图饱满不留底，以雕刻和彩绘两种手法在正面做了繁复的花卉枝蔓装饰、花瓣枝叶穿插叠置，纹样有着透雕一般的繁密和玲珑美，只是色彩被经年的岁月洗褪得失去了往日的妖娆艳丽，隐约残留着一星半点的痕迹，恍若残妆犹在，也因之身载厚重的沧桑感。它们排列在未作雕绘单调的梁枋和立柱之间，简繁相衬，起伏转承，节奏舒缓而明快。（图2-111）

窦庄形制较大的雀替主要出现在常家大院、寅宾院和古公堂，它们的形态与用法和常用在牌坊上的云墩雀替类似。靠砖墙的两边只能采用单向

图2-111 藏宝房砖制栏杆和花式雀替

图2-112 常家大院大雀替和小雀替

图2-113 寅宾院雀替

插件（图2-113），为了整体的和谐，一对檐柱两侧的雀替也采用云墩雀替的样式，在张开的鸟翅下面同样加了起加固作用的"云墩"；二是在图案设计上又服从了明间两侧和次间两侧各自对称的做法，所以同一檐柱两侧的雀替外形一样，具体图案却不一样，这些都和牌坊雀替的设置相同。一般情况下，牌坊云墩雀替的形制比例是水平贴着梁枋的雀替大而长，垂直贴在柱身两侧的云墩小而短，至于纹样倒也不一定拘泥于云纹。与此相反，这里是雀替短而云墩长，纹样则由雀替到云墩形成连贯统一，而不是牌坊中雀替和云墩各自独立的纹样。

常家大院和寅宾楼的建筑装饰，在整体上是窦庄古民居建筑二层四合院的主要代表，而且两院的雕刻彩绘风格一致，但在局部具体构成和纹样上有所区别。常家大院主楼一层为样式简纯的单拱小雀替，二楼为雕饰彩绘的云墩雀替（图2-112）；寅宾院主楼则正好相反，一层云墩雀替，二层单拱小雀替。两院主楼上下层雀替样式繁简搭配，主次得宜；却在位置、纹样、色彩等很多细节方面寻求变化。这两院的额枋也比其他院落讲究，一楼二楼的额枋都是上下两层重叠的，在上的大额枋为纯木色，常家大院的为方木、寅宾院的则是圆木；在下的小额枋为双层并施彩，底层为平面，在明间和两次间的小额枋底层上面叠加一层曲面枋，曲面枋的两端在靠近柱身处以箭头形收住，柱身两侧露出小额枋的底层的颜色。常家大院和寅宾院额枋施彩又正好相反，前者是黑色底、红色曲面枋，后者是红色底、黑色曲面枋。所以在常家大院我们看到的是红色的小额枋，柱间间隔处施以黑色使色彩变化；而寅宾院却正好相反，是黑色的小额枋，间隔处绘以红色点缀。额枋色彩亦主次有序，大气而不单调，沉稳却不沉闷（图2-113、图2-97）。再看两院的云墩雀替，寅宾院主楼一层明间两侧是一对方形石柱，左右两次间外侧为砖墙，云墩雀替分别分布在两根石柱顶端两侧、砖墙内侧，共三组，两两对称，即明间一组，两次间两组；明间左右两雀替对称，两次间雀替不仅各自对称，还彼此呼应对称，它们外形一样，皆为直线折角轮廓，形成几何形鸟翅；在正面以剔地浮雕形式刻绘出优美的卷草纹，典雅柔和，主次有别，均衡对称，从纹样寓意上看，卷草缠连不断又是对长寿、多子多孙的渴望；明间一对雀替的纹样，其卷草阔而叶蔓少（图2-114）；两次间雀替的浮雕卷草则相对细而密（图2-115、图2-116），而在石柱两侧的雀替，一般建筑中应该是一对对称相同的雀替张翼展翅。寅宾院的这一列雀替，粗一看（分别为明间的一侧和次间一侧的雀替）对称一致，再细看体量大小、轮廓外形确实一样，但上面的木刻卷草纹却粗细疏密并不相同（图2-117）。这样的处理既合乎一般建筑柱身两侧雀替的对称样式，又和牌坊云墩雀替一致，服从房屋的主次间各自对称的关系，整

图2-114 寅宾院明间对称雀替

图2-115 寅宾院左次间对称雀替

体上有点"一主二仆"的意思。二楼的小雀替样式虽单调，但其上有双列双层绘色的额枋，额枋上面还有几攒单层木制的斗拱，多种形式的构件组合在一起增加了建筑装饰的丰富厚重感，所有檐下的额枋、檐柱、雀替、斗拱等组合成一个完整的极富装饰性的通透面。由于各

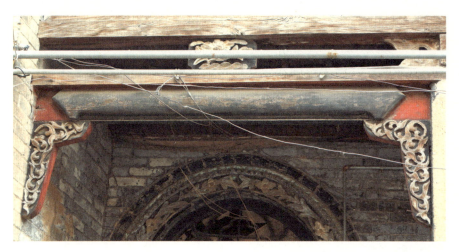

图2-116　寅宾院右次间对称雀替

自的位置、形制、材质、形态、纹样和色彩等的不同，自然形成了以
一层梁柱间云墩雀替为视觉中心的整体构建，既在一个院落中把一切
独立的构件有序地组合成一个整体，又将一个个局部以细致的雕绘处

图2-117　寅宾院雀替

理，不仅是一个院落的设计，还始终把独院的设计置放在整村整堡的设计中，既突出个性，又相互制约，和谐共存。

常家大院云墩雀替则在二楼柱顶和屋檐之间。大院面阔五间，主楼前廊两边为通到二层屋檐处的砖墙；一层有圆形石柱两组四根，顶部为小雀替，二楼改为木柱，顶部两侧及砖墙内侧安置着云墩雀替，数量比寅宾院多；外形上和寅宾院云墩雀替大致一样，但上面的木刻图案是花卉和叶蔓的组合，和寅宾院曲线流转的连续纹样相比较，这里的纹样更像密布的叶片。保存不及寅宾院完好，颜色几乎全部褪掉，有个别雀替已经脱落，只有屋檐下梁头处还可以看到明显的青绿彩绘纹饰残痕。

此外，古公堂的梁、柱、雀替也和上述两院的属于同类型。额枋也是上下两列，绘色同常家大院，小额枋上层红色，底层黑色；前廊亦为石柱，由于古公堂主楼较低，圆形石柱直通屋顶而无楼层相隔，柱顶端两侧安置体量较大的云墩雀替，边缘曲直折转。遗憾的是雀替

图2-118 古公堂雀替

上面的纹样几乎全部脱落，更不要说曾附于其上的彩绘了，这种剥落与残缺倒平添了一种残缺美。石柱硬朗如法牢固，雀替粗犷羽翼如雄鹰，虽遭风雨侵蚀去新如旧，历经沧桑却穿越数百年巍然安在（图2-118）。此外额枋间的木刻小件保存较好，有构图对称、莲叶翻卷、饱满盛放的荷花纹样，有造型夸张而写实、叶片茂盛、花瓣稠密的牡丹纹样，还有花瓣排列规整、外形圆浑的太阳花……花瓣、叶片上总或多或少残留着原来的色泽，令人遐想。所有雕刻装饰总是在视觉的愉悦中委婉地传递着宅院主人的清廉、正直，和孜孜不倦积极向上的品格和人生态度。（图2-119、图2-120）

　　慈母堂门楼上还有另外一种样式的雀替，即在门框处装饰着轻灵的挂落牙子。对称纤巧的挂落牙子从体量上看已然无法承担替木的加固功能，那浅浅的线刻卷草纹，婉转波动的外缘轮廓，虽然一切只是素素的木色，却似乎是用新采来的绿丝绦沿着门框上部内檐挂饰装扮

图2-119　古公堂木雕小件

图2-120　古公堂木雕小件

图2-121 慈母堂挂落牙子

而成,又如撩起的流苏门罩,清新扑面。(图2-121)

　　此外,在寅宾院内的一处入户门洞的角部装饰,也可看作是一种小雀替。它们对称地嵌在门洞上部的左右两角处,团花紧簇,色彩浓烈,雕刻彩绘着以枝叶衬托盛开的牡丹。花、叶、枝蔓呈高浮雕形态,写实生动,色彩也较别处保留得更好一些,呼应风窗的灯笼锦几何纹,牡丹富贵,仕途通达,无不寄予着对生活的种种美好期盼。(图2-122~图2-124)

图2-122 寅宾院窗饰雀替

图2-123 寅宾院窗饰雀替

图2-124 寅宾院窗饰雀替

2. 砖雕人生看窦庄

　　建筑在艺术门类的划分中是被独立于美术之外的，但美术史家们却又常常把建筑纳入其门下。因此，在美术史中，明清建筑占很重要的地位。其中，最有成就的是皇家建筑和南方私家园林，作为儒家思想和道家思想最生动、最完美的审美体现，宫廷及其显贵们的审美思想，影响和主导着社会的审美理念，而借着商品经济的推动，乡土民居建筑艺术也蓬勃发展起来。这其中话及民居艺术，必提三雕，即木雕、砖雕和石雕，它们无疑是确定的美术类型。作为建筑装饰的三雕艺术，同样要以一定的具体的雕刻技法，对不同的原材料进行艺术加工，创造视觉艺术形象，表现内容，传达思想和情感。不过最明显的特点是它们无论怎样具备雕刻的形态和性质，都不是独立的雕刻艺术，绝大多数是依附在某一建筑构件上的。比如雀替，是经过艺术加工了的建筑构件，无论是哪一种情形，这都势必会因为其装饰部位或建筑构件本身所在的位置、空间、面积等的限制，而无法充分展开表现，更多时候只能以象征或比拟为主要的表现方法；同时就其艺术的构思和传达来说，也必须服从建筑的整体风格和象征性。所以从美术角度去分析民居建筑艺术，始终是以建筑中的装饰艺术为主要对象的，既要看到其相对的独立性，又必须关照到这些相对独立的装饰构件对建筑的依附性。

在三雕艺术中，砖雕又恰恰是山西三雕中比较突出和普遍的一种。在窦庄一座座砖雕门楼艺术中，我们已提及拱眼壁、影壁等砖雕。如果说窦庄木雕主要以几何形纹样、线的构成，借谐音传达吉祥如意的理念，是一种相对抽象的艺术；那么，砖雕则更多地是以具体的植物、动物和人物等形象，直接向人们讲述故事，以达其教化作用的。这些或夸张，或细腻，或稚拙，或精巧的砖雕艺术形象和画面，传达出与别处不同的文脉特征，反映了居住在沁水流域的窦庄人在这片灵山秀水的土地上的生活和理想、追求和向往，反映了当时的社会理念，包括封建社会中的仁、义、礼、智、信，以及忠、孝等思想。这些图像，浸润着那个时代最真实的民俗、人文，乃至全部生活。

窦庄的砖雕艺术类型，主要有屋檐下卷起的墀头、斗拱之间雕绘的拱眼壁、形制不同的影壁砖雕，以及在门楼、门窗的边缘等处的各种砖雕。

（1）墙头雕花——墀头

墀头在建筑的装饰部件中并不算普遍，出现的也比较晚，但它恰恰是传统乡土民居建筑中的主要装饰部件。窦庄的墀头装饰，题材较全面，人物、动物、植物皆有，手法概括写实，形象生动夸张，妙趣横生。

墀头，是仅用于中国古建筑硬山式屋顶建筑中的一个组件，其实用功能是支撑屋顶前后出檐的角隅部分。具体讲，即在硬山墙屋顶边檐的两端，在墙体接近屋顶处，向上向外延伸所形成的一个小弧面，用来连接伸出墙面的屋檐。这个小弧面，即墀头。在它的上面，人们通常会安设十分精彩的砖雕装饰。

中国传统的建筑有着严格的等级制度，这种等级的规定主要区别在屋顶的样式上。依等级的高低排序，主要分为：庑殿式（即"五脊顶"，最高级别的屋顶，四面斜坡屋顶）、歇山式（即"九脊顶"，四面斜坡屋顶，两侧有三角形墙面，五台山的唐代南禅寺大殿屋顶为现存最早的歇山式屋顶）、悬山式（为两坡顶，左右两端延伸出山墙外）、硬山式（两坡顶，左右两端均封砌在山墙内）。庑殿式和歇山顶是两种级别最高的建筑屋顶，主要用于皇宫建筑和寺庙建筑。悬山式和硬山式屋顶则主要用于民居建筑。

硬山式在传统建筑的几种基本样式中，是等级较低的一种。宋代文献及其实物遗存中，并没有这种屋顶。明清以后，才在我国南北各地的民居中普遍出现。但在皇宫和寺庙建筑中从未出现。随着明清民居建筑的兴盛，硬山式建筑在乡土建筑中的频繁出现，使得墀头成了此类建筑中极为引人注目的一种装饰部件。

一般墀头，因筑在一栋房屋的两边墙上，成对出现，在结构上，是衔接山墙和伸出的房檐瓦的部分，因此，站在院内望去，它们就像房屋昂扬的颈部。墀头本来承担着屋顶排水和边墙挡水的双重作用，但由于它们在墙上的位置特殊而凸出，于是在擅于使用各种装饰的建筑中，自然成了一处值得屋主人费心思去装饰的部件。具体到个体的建筑中，墀头的装饰自然有简有繁，简单的仅有一个弧形的砖砌面，不做任何雕饰；或者仅以多层叠涩出挑。而那些装饰繁复的墀头，则不仅形式多样、样式丰富，在题材内容上更是无所不备，基本涵盖了中国传统文化中的各类吉祥图案。另外，如果在同一院落内出现多组墀头装饰，它们的图案取材也通常会是属同一类的吉祥图案。若是人物故事题材，那么也大多会是同一个出处，内容会彼此相连。这样，每一处墀头装饰在特定的院落中，既呈点状装饰，又相互关联，形成统一的整体。

明朝时期，砖的生产工艺得到很大的发展。应当说，墀头装饰也正是借此机遇，普遍发展起来的。墀头俗称"腿子"或"马头"，多作叠涩出挑后，加以打磨、装饰而成。窦庄的墀头装饰，主要集中在屋檐下、边墙的顶部。其形制统一，常见的皆为单层博古架式。墀头装饰分上、中、下三部分。一般上部称戗檐板，即作弧形，以檐收顶，起挑檐的作用。中部叫炉口，是装饰的主体。炉口四边均作装饰，上有檐，下有座，皆作雕花，左右有竖直的雕花空心柱，有的则作束起的帷幕，好像拉开帷幕的方形舞台，舞台内会雕饰各种各样的图案，尤其是人物画，那就是一帧帧完整的独幅画面。下部叫炉腿，顾名思义像香炉之腿，有的也叫兀凳腿或花墩，作为底座支撑起上面的舞台。

窦庄墀头砖雕装饰要数古公堂的数量最多，题材内容最广，人物、动物、植物无不齐备，手法风格也不尽相同。

站在古公堂院中，望向主建筑正面，中间是高高耸立的石柱，两边是笔直挺立的砖砌墙，顺着砖砌墙由下往上看去，屋檐下对称伸出一对玲珑的墀头，上面是弧形戗檐板与屋檐相接，下端是雕刻着装饰纹样的炉腿，中间炉口"舞台"内则是两小幅砖雕画，体量虽小，却是墀头最精彩的部分。（图2-125）

这是一组以人物故事为装饰题材的墀头砖雕，左手一边是"刘海戏蟾"（图2-126），右手一边是一对僧人像。先看这幅"刘海戏蟾"，这是一个流传甚广的汉族民间故事，来源于道家的典故。刘海起初是八仙之一，后来被张果老取代。传说少年刘海一次正在桃花峰下打柴，正好碰到一条大蟒扑向一只小金蟾，危急关头，刘海出手救下了小金蟾。却说这小金蟾本是龙王女儿的化身，偷偷跑出龙宫来游玩的。因为刘海的舍身相救而爱上了他，后因思念心切，一天，又化成小金蟾跑来蹲在

图2-125 古公堂主建筑正面墀头砖雕·"刘海戏蟾"和"一对僧人"

图2-126 刘海戏蟾·古公堂墀头

图2-127 和合二仙·古公堂墀头

荷叶上，希望见到心上人。事也凑巧，正好这天刘海砍柴累了，来河边休息喝水，发现脚边有一串金钱，他四下张望、呼叫无人应答，因为不是自己的钱，正直的刘海欲弃钱而去，刚一转身要走，那串金钱忽然自己叮叮当当响了起来。刘海兀自疑惑，凝神细看，原来这钱是小金蟾变出来的，串着金钱的丝线另一端就在她手里。恰在这时，巨蟒悄然出现在刘海身后，意欲袭击。情急之下，小金蟾迅速跃出水面，跳向刘海背后，引他转身劈断巨蟒，化险为夷。小刘海十分感激小金蟾，就将丝线套在它脖颈上，牵着她在岸边快快乐乐地玩耍起来。再后来，小金蟾变回了美丽的姑娘身，与刘海结婚生子。民间传说中的金蟾，长相奇特，是三足蟾，因此三足蟾（也即刘海的妻子）便有了特殊的含义，它能口吐金钱和元宝，有吸财镇宅辟邪的能耐。

古公堂墀头选取的，正是刘海在河岸边牵着一串钱，和三足蟾嬉耍的场面。炉口内以河岸对角线将画面裁分为二，对角线的右边，是主人公少年刘海。只见他脑后结小辫，身体微向后倾斜着坐靠在河岸边。其上身向前扭转，两腿一曲一伸用力蹬地，两手一前一后牵拉着一串金钱。顺着刘海向前向下观望专注的眼神，和他手中金线向下延伸的方向，在图中左下角，有一只三足蟾正在水波中游弋。金蟾抬起上身，张嘴衔住丝线另一端的金币，与刘海回应。画面的左上角，在刘海头部的左侧，雕刻着一朵悠闲漂浮的如意形云彩。整个画面，欢快娴雅。在方形画框中，刘海及其所坐靠的岸边，呈上高下低的对角线，以将画面对等斜分；而刘海手中的钱串和另一端口衔钱串的三足蟾，又连成另一条对角线，正好与之交叉，形成"X"构图，使画面充满动感。人物造型上概括写实，又富于装饰情趣，物象雕刻洗练单纯，动态夸张。尤其是刘海的坐姿、扭身、蹬腿、牵绳等动作，生动有趣，自然天成。整个人物占据画面的一半，形成画中主体。技法上继承传统，雕刻得巧妙生动又富于变化，溶圆雕、浮雕、线刻于一体。刘海伸向河里一侧的手臂和手中的丝线、钱币用浮雕手法塑造，层层相叠；而另一只向后伸出的手臂、衣袖以及手里的丝线却采用了圆雕手法，衣袖似圈起漂浮的荷叶、悬空的丝线、握线成拳的手，到丝线尽头的钱袋又由饱满的圆雕逐渐转为趋向平面化的浮雕；两足亦是一只圆雕、一只浮雕；刘海的五官、衣纹、相叠的钱币等则用线刻表现。此外，刘海身后为铲平的平底，左下角金蟾身后亦为平底，画面构图虚实相间，突出了画面中形象的主次关系。"刘海戏蟾"，将多种雕刻手法同时使用，塑造出不同形象及其局部高低、虚实丰富的起位变化，使画面表现极为丰富和生动。至于雕刻技法较为粗犷，这也和墀头位于檐下墙角一隅，其高远的位置、小幅的画面有直接的关系。当我们站在院中欣赏墀头画面时，由于距离较远，不可能看清楚局部细微的刻画，所以墀头雕刻通常采用了概括写实的手法，其造型夸张，又充满了装饰性。民间流传的"刘海戏金蟾，步步钓金钱"，在这里惟妙惟肖地展现在我们眼前，一幅小小的墀头砖雕生动地表达了人们希望夫妻恩爱、家庭幸福、财源广进、大富大贵的心愿。

再看右手边的墀头，戗檐板、炉口周边和炉腿的装饰和"刘海戏蟾"的完全一样。然而炉口内的画面内容却又有新故事。小小的方形画幅内，雕刻着一对等大的僧人，他们面向观者、身着僧袍、头顶祥云、脚踏波浪，布满画面，塑造技法以浮雕和线刻为主，疑似民间传说中的和合二仙。这一题材是人们常用来表达对新婚夫妇和和美美、永结同心的祝愿。二仙有时被塑造成僧人的形象，有时又被表现为得道的仙人模样，他们相亲相爱，笑容满面，通常一人持荷花，一人捧圆盒，两物相合取谐音，意为"和（荷）合（盒）"。过去婚礼之日会挂在洞房，有时也挂在厅堂，无论挂在哪里，都图个吉利。此处墀头内的二位僧人在画面中的大小、神态一致，手中并无持物。人物塑造以曲线为主，塑造得圆浑憨拙，两个人的外轮廓合起来，明显组成一个如意形，吉祥如意、和和美美的寓意不言自明（图2-127）。总的说来，这一组墀头人物及画面物象的塑造较为洗练、拙朴，却又生动有趣，尤其是刘海戏金蟾那一幅。

古公堂另一对砖雕墀头则一边为禽鸟花卉纹样，一边是人物故事图案。禽鸟纹样雕刻的是一只展开美丽翅膀、有着漂亮尾羽的凤凰，飞翔在百花丛中。凤凰昂着头，伸展着弧形优雅的脖颈，翅膀斜向展开，羽毛用整齐的线面结合、重复排列的形式构成，单纯而华美；尾羽则呈带状横置于画面顶部。在构图上类似刘海戏蟾，以对角线分割画面，右上

部以凤凰为主，左下部则是大大小小的花卉、弯曲延伸的枝蔓、叶片，
不过凤凰与花卉之间的穿插关系处理得巧妙有序，使得画面繁而不乱，
满而不杂（图2-128）。与之对应的另一侧为人物图案，一位儒雅之士
坐在画幅中，几乎占满了整个画面，他背靠着一棵大树，舒展地坐在树
下，一手握书垂于伸向左边的袍角，兀自抬头向前方眺望，神情放旷怡
然，仿佛读书已久、稍事休息的瞬间。他的头顶上方，是延伸的树干，
上面缀有几列云朵般的树叶、卷成如意纹样，在树梢处，还挂着一只葫
芦，好一个悠闲自得的方外之士。整个画面构图饱满，各种物象穿插有
序，人物形象透露出道骨仙风、悠然自得之感。（图2-129）

　　这一组墀头装饰从题材内容上突破常规同类的呼应，不再局限于人
物与人物，或者植物与植物等的对等呼应关系，而是人物、禽鸟、植物的
自由对应。在雕刻技法上，与前一组刘海戏蟾和二僧人画面相比较，整体
起位高，物象则处于同一平面。人物的五官、衣纹、神情，禽鸟的动作、
姿态等等，都较为考究，传达得细腻工致，生动传神；构图也更为严谨有
序，既有整体的构图形式规律，又将之化于物像的灵活穿插中。

　　这种打破常规对应法则的墀头装饰，在古公堂前后檐头频频出现，

图2-128 有凤来仪·古公堂墀头　　　图2-129 人物·古公堂墀头

不足为奇。由此也可看出，乡土民居建筑装饰艺术不拘于严格规制，具有自由、率意的天然美。且看图2-130和图2-131的后檐墀头炉口内，皆雕刻着"鸳鸯戏水"。两幅画面的内容，极为相似，鸳鸯的动态和背景几无二致，两只结伴相游、肥胖悠闲的鸳鸯，轮廓做抹边处理，被雕刻在画面的中景，一只正面向前，另一只则身体向后，扭颈回首，与前一只回应相偕。两鸳鸯曲颈优雅，姿态优美，除了在身体中心部位刻有一片羽翅外，不再多加一点修饰，但却丝毫感觉不到单调。画幅的下面，是占满画面的线刻水波纹，起位和两只鸳鸯等高（图2-130水波线已经看不清楚）；画幅上部则是几条长长宽宽、舒缓的水草，这就使得画面从上至下由疏朗到密满，充满节奏感。不过这两幅墀头虽炉口内的装饰图案一致，炉口下缘的装饰纹样却不一样，不是成对的。与图2-132鸳鸯戏水墀头对应出现的是图2-133的富贵牡丹，这一支牡丹在画面中心开得娇艳欲滴，花形呈横置的菱形，花瓣规整，层次分明；枝叶在花朵上下两侧铺陈散开，既注意形式上的对称又注意局部细节的变化，这种巧妙构图也是常见的传统适合纹样的构成。如果说鸳鸯戏水是一段美满姻缘的开始和对婚姻的美好祝福和期望，那么花开富贵就是对美满婚姻的

图2-130 鸳鸯戏水·古公堂墀头

图2-131 古公堂墀头

图2-132 古公堂后墙墀头·鸳鸯戏水

图2-133 富贵牡丹

图2-134 精卫填海·古公堂

肯定，只有家和才会万事兴，才会花开富贵，大吉大利。简简单单一枝花、普普通通一故事，都是最动人的、丰厚生活的最美所在。

还有一帧砖雕墀头，（图2-134）当是精卫填海的神话故事。相传炎帝神农氏的掌上明珠，唤作女娃，是个聪明伶俐、乖巧可爱、讨人喜欢的女孩。有一次因替人打抱不平得罪了蛮横不讲理的龙王儿子。又一天，女娃一个人驾着一只小船到东海游玩，结果遭到龙王儿子兴风作浪的报复，女娃不幸溺水而亡。死后她的精魂竟化作一种花脑袋、白嘴壳、红爪子的神鸟，它每天从山上衔来石子和草木，把它们投进东海，意欲填平；并且不时发出"精卫、精卫"

的悲鸣，就好像在呼唤着自己。"精卫衔微木，将以填沧海"，小鸟精卫向大海抗争的毅力和意志天地可鉴。窦庄人选择"精卫填海"的故事雕刻在他们的住宅上，可见他们对精卫这种精神和毅力是认同的，希望在困难、强权、艰巨的任务和事业面前能够保持有小鸟精卫百折不挠的精神。画面中心，一只小鸟似乎刚刚飞落在海面上，身体形成弯弯的弓形，它一脚踏在浪尖上，翅膀还没有完全收回，却已急急低头将口中衔物投入海中；画面中的海浪一层一层地堆叠起来形成小山丘的样子，浪峰左右两侧对称生长着大叶片的海植物，画中的形象夸张概括，画面形式对称，一切真和善都在美的形式和形象中体匿味存，长久永恒。

　　常家大院主楼、侧楼正面的墀头砖雕以人物故事为主。遗憾的是，由于侧楼挡住了主楼的两边，楼与楼相交处间距又窄，如果站在院里地面上观看的话，主楼两边的墀头无法看全看清，尤其是炉口内的画面甚至完全看不见，包括侧楼靠近大门一侧的墀头也部分被两边耳房的房顶遮挡。不过有意思的现象也出现了，看得见的、看不全的或者看不见的，有时会是同样的画面。比如右手边侧楼的一组墀头砖雕，内容十分相似（图2-135、图2-137），雕刻得应该都是秦琼。

图2-135 常家大院侧楼墀头 秦琼　　　　图2-136 为2-135的位置图
战马舞双锏

图2-137

他骑着战马，举臂舞双锏，由图2-135可清楚看到一人头戴战盔、身披戎装、长髯拂胸，骑在一匹健硕的高头大马上，左臂高举、右臂平伸，紧握双锏，回首观望。而他胯下的战马前蹄向前撑，后腿向后蹬，充分表现出飞奔之状，即便如此快速，仍然随主人一起回头，同仇敌忾。主人和战马同时回首的造型，实在是妙不可言，创作者是将战马拟人化，表达了和主人心意相合的感人场面。画面中，双锏和战马因飞奔而高扬的马尾，竟形成三条平行线，增加了画面强烈的运动感和装饰感，可谓是情景交融，笔笔意到。这也是中国艺术人物画创作的高妙境界，不设背景，仅表现人物和必要道具，却要表达出人物、时间、地点、事件、情节，以及情感等等相关内容，从这点上讲，这样的浮雕艺术也具有独立圆雕的意义。

图2-137炉口内画面雕刻的内容和图2-135相同，人、马以及动态都一样，不过人物没有美髯，兵器也看不太清楚。如果单从画面的骑马、双锏、马回头看的话，很符合有关秦叔宝的"回马泉"传说。话说当年唐朝名将秦琼，在山东老家历城县衙当捕快的时候，有一次，他手持双锏、骑着黄骠马追赶贼人，就在秦琼策马边跑边与贼人交战之际，坐骑黄骠马忽然猛一回头，由于速度快蹄力过猛，马蹄落处竟然出现了泉眼，一泓清泉从地下汩汩冒出。后来济南人为了纪念秦琼，就将这处泉池取名为"回马泉"。或许英雄这一传说与窦庄并没有什么直接联系，但是作为大唐的开国功臣，有勇有谋的大英雄，是家喻户晓人人崇拜的功臣，民间过年贴门神，总是要请出秦叔宝和尉迟敬德两位大神。所以我们权且就把这两处墀头砖雕当作英雄秦琼的故事吧。从雕刻技法方面

图2-138 常家大院部分墀头位置

图2-139 常家大院侧楼墀头

来看，是典型的民间工艺，手法粗疏、动态夸张，也许近看缺少精雕细刻，但远观却妙趣横生。

在秦琼的正对面，右手一边侧楼的墀头上，也是一幅人物画（图2-138）。与秦琼骑马画面的动感相反，这边表达的却是静怡的情景（图2-139）。一人、一桌，构成画面的主要内容。只见一人头顶冠帽，右手臂放在一方桌上抬起来支着头，一手下垂搭在屈起的膝上，上身微倾，靠着方桌，也

是长须飘在胸前，正双目闭合，打坐养神，右肩后似乎露着刀柄。至于
具体是什么题材，还无法确定，但必定也是历史中的哪位英雄好汉。倒
是一动一静的左右呼应，足见局部服从整体的严密思路。雕刻手法上，
雕工较前者要细腻温润一些。

此院内其他的墀头砖雕，都不太完整或看不清楚，故不一一细
赏。比如与桌前休憩的人物对应的另一幅砖雕墀头，也是人物题材，
可以看出炉口内人物头顶两条长长的翎子（图2-140）。翎子通常也
都是京剧中英武勇猛人物的顶戴和装饰。所以不管是哪路英雄，都可
以见出窦庄人对英雄的崇拜，同时隐含了对自我的要求和做人的定
位、价值取向。而在主楼一侧，抬头望去，只能看到弧形戗檐板形成
的顶部装饰着一朵花瓣繁密的花朵，炉口上檐处刻着一"月"字（图
2-141、图2-142）。照此推断，另一侧的同一部位当是"日"字了。
这一院之中朗朗乾坤，日月同在，英雄好汉，轮番登场。热闹之余，

图2-140 常家大院墀头

图2-141 常家大院墀头

图2-142　常家大院墀头

更多的是对后人的激励。还有，在难于看到的地方，仍不苟雕饰。或隐或显，以小见大，这也是窦庄人朴实本分的一种体现吧。

　　寅宾院主楼的墀头砖雕内容比较独特，如图2-143、图2-144，墀头炉口呈竖长方形，画面下部是一张三足圆桌，桌上放着与桌面等大的一盆，盆里装着一个大大的瓜，桌、盆、瓜基本等宽，三者一起撑满画面。是何寓意一时不得其解。

　　再有就是墀头不在房屋的墙上。比如旗杆院内，圆形二门门洞屋檐下两端的墀头（图2-145），可惜二炉口内的砖雕已完全毁损。还有同在旗杆院的影壁砖雕墀头，其大门内影壁屋檐下的左右两端，保存着较为完好的一对人物题材的砖雕墀头（图2-46）。一侧炉口内雕刻着两个身着官袍的人，并排站在一张方桌后面，人物的头部已经残损不存，既看不到面貌特征，更不知表情如何。桌子还残留着红色彩绘，桌面似乎曾摆放着什么（图2-147）。另一侧墀头砖雕的内容则为一人骑在马背上，一手拉着辔绳，一手臂举起指向前方，头部也已

图2-143 寅宾院主楼墀头　　　　　　图2-144 寅宾院主楼墀头

图2-145 旗杆院门头墀头　　　　　　图2-146 旗杆院影壁墀头

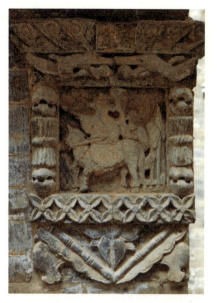

图2-147 旗杆院影壁墀头　　　　　　　　图2-148 旗杆院影壁墀头

不在，但似乎正回头和身后的人说着话，站在马后面的人略微弓着身子用双手举着一杆，马似乎刚准备抬腿出发。这里好像发生了什么，而每一个画中人物或马匹又静静地凝立在小小的炉口内，恍若时间定格。（图2-148）

　　从窦庄古堡保留下来的这些墀头砖雕来看，通常一对墀头的装饰，其戗檐板、炉口外围、炉腿的形状、纹样的装饰基本上是相同的，区别

图2-149 贾家大院门楼明间·上额枋砖雕莲花

在于炉口内雕刻的内容，这也是砖雕墀头装饰最主要和最精彩的部分。就在这小小的尺幅之内，民间的能工巧匠们雕制出了万千变化的丰富画面：内容上，天上人间、古往今来无所不包；形式上，于统一程式中寻求局部和细节的变化，种种吉祥祈愿延展着世代相传的民族文化。可谓是小小墀头画，个中人生语。

受到种种限制，比如被遮挡的、角度不合适无法拍摄到的，还有未曾留意没有见到的等等，笔者无法将窦庄的墀头艺术完整地呈现，只能将考察过程中不够完整、却很有代表性的点点滴滴在此抛砖引玉。历史义无反顾地向前发展，文化却总是默默地沉淀、厚积。

（2）拱眼之花——拱眼壁

拱眼壁砖雕，是窦庄古堡砖雕中的代表性作品，数量大，质量精，艺术水平较高。

前面的门楼部分，已经提及木制斗拱门楼和砖质门楼上的斗拱装饰。前者的拱眼壁彩绘，几乎无存；后者的拱眼壁上，则以砖雕装饰见长，其每攒斗拱之间的拱眼壁砖雕，基本保存完整。

拱眼壁是古代建筑斗拱之下的构件，它在斗拱侧面开槽，是插在两攒斗拱之间的"垫拱板"。在宋代以前，斗拱之间很少使用垫拱板，后来为了增强室内空间的封闭性，才开始加上了这一部件。之后，随着斗拱逐渐走向装饰化，垫拱板的装饰也日渐凸显并独立。而且，从形态和装饰特点上看，与拱眼壁这个名称更加贴切。拱眼壁的基本功能有两个，一是分隔室内外空间，二是分担斗拱的负荷，并起到加固斗拱，防止时间久了、木材变形所引起的斗拱移位的作用。传统的木构斗拱，尤其在皇家和寺庙建筑中通常会施彩描金，拱眼壁是重点彩绘部位，通常绘有独立纹样或图案。

窦庄古堡民居中的拱眼壁装饰，主要出现在砖雕门楼和影壁中。在层层挑出、以支撑屋顶出檐的砖雕斗拱与斗拱之间，就是拱眼壁了。它们总是被雕刻着精美纹样和图案。

先来看看贾家大院的拱眼壁砖雕（图2-150）。贾家大院的一字型撇

图2-150 贾家大院门楼·拱眼壁砖雕

山影壁门楼，其明间和左右两侧次间的影壁，都是砖雕斗拱屋顶，这里每一处拱眼壁都装饰着精美的砖雕。明间的拱眼壁为砖雕团窠图案，共四处，全部为写实动物纹样，手法细腻圆润，雕工娴熟精细。如左一，为鲤鱼跃龙门，翻腾的海浪以排列细密的线刻表现，海浪一边露出的是鱼尾，中间有鱼鳍，另一边却已变作跃过龙门趾高气扬的龙首了。虽是圆形外框，龙首却破框而出，足见设计者既依规矩又有新意的巧妙构思。而镌刻此纹样，又显然是宅院主人希冀自己的子孙后代刻苦读书，仕途通达的图像符号。再如左二，雕刻的是麒麟，只见它两后腿下蹲，两前腿直立，身体弓挺，扭颈抬头，这里又寄予着希望家族兴旺的心愿。再看右一，左边是一头矫健的鹿，一条前腿俏皮地抬起，回头将下颌抵在后背上，鹿身后是一只张开翅膀的蝙蝠，大小和鹿差不多，不正是蝠（福）鹿（禄）双全的美好向往吗？只有勤谨耕读，才可能翻身入仕，子子孙孙富贵满堂。明间的这组团窠拱眼壁砖雕，既独立成幅，有着较强的艺术性；同时安接在

图2-151 贾家大院门楼明间拱眼壁·团状动物砖雕

图2-152 贾家大院门楼明间拱眼壁·团状动物砖雕和上额枋砖雕

一起，又连缀成一完整的吉祥寓意。（图2-151）

　　在明间门楼拱眼壁下面，紧接着的是上额枋处的砖雕，其艺术表现值得一提（图2-152）。上额枋的两层线脚之间，间隔排列着大小相同的七组小长方框砖雕装饰图案，每框内各雕饰独立的花卉或动物纹样，中间框内是一幅莲花图，中心雕刻着一朵大大的、斜向朝上盛开的莲花，花瓣饱满、层层相叠、对称展开，两边却是小巧可爱的卷边荷叶，它们比例悬殊，却主次得宜。莲花图右侧是一幅富贵牡丹图，两朵牡丹相背、对称而开，花头朝向方框的两下角，两花之间枝繁叶茂。牡丹图的另一侧，则是一幅浪漫的天马行空图（这一题材在窑庄较为多见）。此处雕刻十分精彩，只见画幅中祥云密布，两匹飞马腾云驾雾，一匹向左、一匹冲右；在层次安排上，最下层是向右飞奔的天马，靠近画幅底边，马腿因飞速奔跑而伸成了"一"字，前腿

图2-153 贾家大院门楼明间上额枋砖雕·菊花、飞狮、喜鹊登梅

图2-154 贾家大院门楼明间上额枋砖雕·牡丹、飞马、菊花

图2-155 贾家大院门楼左次间影壁拱眼壁·植物、动物砖雕

下面正飘过一朵祥云；天马身体上刻着一团浮云；浮云之上靠近画幅顶端雕刻着向左飞奔的天马，它的两条后腿向后向上蹬，与向右的天马头部齐平，两前腿则向前向下伸到画幅左下角，形成一定斜度。整幅画面层次丰富且分明，构图巧妙讲究变化，马匹造型夸张生动，雕刻工艺细致精湛，眼前是一片浪漫的写实和沸腾的动感（图2-153）。莲花左侧是一幅双鹊登梅图。构图上与莲花右侧的牡丹图一样，也是左右对称式，两图亦在整体上呈对称分布。再往左，貌似飞狮，恰与右边的飞马相呼应。最后，在额枋的两端又是一对牡丹，但雕刻技法和形态却不一样（图2-154）。这一组额枋砖雕，面积虽小，却既有整体上的布局呼应，又很注意每一幅具体图案的精心布置与雕刻，均是饱满细致，极富层次感的精美浮雕。

欣赏完明间的拱眼壁及额枋砖雕，再来看看两侧次间影壁上的拱眼壁砖雕。两次间拱眼壁比明间拱眼壁低，它们所在位置、数量、大小、形状都一样，两边各有四处拱眼壁，和明间数量相等。图案设计也都采用适合纹样，基本呈三角形形状，在雕刻内容上，左次间影壁拱眼壁以

图2-156 锦鸡花卉

图2-157 鹭鸶 荷花 鸳鸯

图2-158 牡丹

图2-159 菊花

植物纹样为主，右次间以动物纹样为主。左次间拱眼壁植物纹样，构图饱满、内容丰富、画面造型以线为主（图2-155）。如图2-156所雕刻内容为锦鸡花卉，图中锦鸡和花卉并无主次之分，一只锦鸡站在画面中央，亭亭立于假山石上，另一只锦鸡则卧在假山脚下，花和枝叶向三角形边框处伸展并填满，形象虽多，但由于以线塑造为主，所以画面呈现一种清爽的美、疏朗的满。图2-157内容更加丰富，画面中间伸出很多细条状的花叶杆，这些花叶杆的顶端有一朵盛开的莲和几片翻卷的叶，还有许多小涡卷，正如《爱莲说》中所言"出淤泥而不染，濯清涟而不妖，中通外直，不蔓不枝，香远益清，亭亭净植"；在花叶杆、莲和叶之间，穿插有两只鹭，右下角还有一只安逸的鸳鸯，即鹭鸶戏莲图。图2-158和图2-159画面主体较为单纯，前者为牡丹，后者为菊花。这组砖雕拱眼壁，整体布局都是密匝中见疏朗，物象塑造突出线性美，起位低具有平面装饰美感，风格鲜明而独特，寓意方面有富贵、长寿、连（莲）中举（菊）等吉祥用意。

图2-160 贾家大院门楼右次间影壁拱眼壁动物砖雕

图2-161 犀牛望月

　　右次间影壁拱眼壁的动物内容一目了然（图2-160），从左到右
分别是犀牛望月（图2-161）、兔含仙草（图2-162）、双凤朝阳（图
2-163）和鹿衔灵芝（图2-164）。这组以动物为主的雕刻，都附有云
纹、卷草纹，或文字作为背景，既适应了三角形外框适合纹样的需要，
又突出了画面的丰富性和活泼感。动物形态的塑造，则较为拙朴、夸
张。左右两次间影壁拱眼壁从题材内容、表现手法、审美趣味、文化内
涵上，都作对称呼应。

　　若将左右影壁的拱眼壁砖雕和明间上额枋浮雕作比较，两者在雕
刻语言、起位高低上采取了不同的手法，进而导致了艺术效果的差异。
前者以线造型，起位低，画面雕刻的各种物象的高度基本一致，它们整

图2-162 兔含仙草

图2-163 双凤朝阳

图2-164 鹿衔灵芝

体形成同一高度的平面，类似阳刻浮雕，画面的装饰性美感较强；后者则结合体面造型，起位高，并且按照物象本来的形态塑造出富有变化的高低起位，加之光线的作用，多重阴影的变化，写实性、体积感甚为强烈。而明间拱眼壁团状砖雕的起位则介于这二者之间，既有富于变化的起位，又有线性的雕刻特点，将写实和写意并置同一画面。几处砖雕外形又分别为：中间明间拱眼壁砖雕的圆形、其下上额枋连续的长方形、左右两侧影壁拱眼壁砖雕的三角形，它们形成主次有序、对称均衡，既服从于全局，又各具精彩的连贯整体，这些优秀的拱眼壁砖雕艺术，恰恰是贾家大院门楼艺术的点睛之笔。

耕读院门楼在整体形制上和贾家大院门楼属同一类型。不过耕读院门楼的照壁不完整，现存的左右影壁上也没有斗拱结构，只有明间的拱眼壁、额枋等处有砖雕，并且它们在形式、雕刻技法和风格上和贾家大院门楼的很接近。

此外，比如尚书府上宅第二进门楼、南花园门楼等砖雕，形式上都是这种上面为拱眼壁浮雕、紧接着下面是额枋处既分隔开又连在一起的长方框砖雕组合。但这些门楼上的砖雕残损严重，大多已经难于辨认。

旗杆院门楼上的拱眼壁砖雕则是另一种精彩（图2-165）。站在门楼下，举目上眺，只见屋檐滴水下细密匀称的线脚、排列舒缓撑起檐顶的斗拱，斗拱之间便是砖雕拱眼壁了，一共六眼。植物、动物、人物题材齐全，并且明显可见色彩斑痕，红花绿叶完全可辨。可惜其下额枋砖雕

图2-165　旗杆院拱眼壁砖雕

毁损严重，不然上下辉映，该是何等美妙。

这一组拱眼壁砖雕，形式自由、色彩明艳、题材全面、内容丰富。除了左一被遮挡，依次分别是人物、飞鸟、倚桌人物、四季平安、双狮戏球、双人物。在形式和内容上，它们不像贾家大院门楼的拱眼壁砖雕规整对仗，而表现出相当的自由。且说那只飞鸟，旁无他物，拱眼壁内仅有一只单独的飞鸟，它的造型、姿态奇特，双翅张开，身体倒悬，不知是飞翔的忘我，在空中时而冲刺、又时而翻越？还是另有情节或典故？头和双足是红色的，羽翅上有密密的线刻，是很形象的羽毛表现。飞鸟过来是人物，只见画面中间一张红色的方桌，几条桌腿前面的遮挡着后面的，以浮雕的叠压关系生动地展现了一张栩栩如生的桌子。在方桌的右上角，有一人正将胳膊肘支在桌上，手托头部，闭着双眼，倚桌而坐。他头有顶戴，身着长袍，右脚落地，左腿屈膝抬起，左手垂下抚膝，衣袍的颜色留有蓝绿的色痕。不知他是在打盹，还是在冥思？在画幅顶部还有两层撩幕，撩幕和最下层的左右"八"字形浮雕斗拱连在一起，形似将幕布撩向舞台两侧，让画面充满了戏剧性。看到这里，诸位心里肯定在想，这画面好眼熟呀，可不是，前面在墀头部分，我们在常家大院侧房见到的那一处墀头砖雕和这件拱眼壁砖雕的内容几无二致，只是桌子的造型、人物的胡须等局部略有不同罢了。（图2-166）

再过来就是"四季平安"了，只见拱眼壁中间下面是一侈肚细颈的梅瓶，瓶里插着一枝盛开的大朵月季，花形圆润饱满，枝叶丰茂、呈左右对称四散打开，衬托着红彤彤的花朵，拱眼壁下缘两角，枝叶间还有俩花骨朵。总之，花、叶、花骨朵、瓶，满满当当，挤在拱眼壁内，虽说从形态和工艺技法上讲，都算不得上乘之作，然而"四季平安"这一貌似平凡的吉祥用语，又表达了多少人最单纯、最平常的生活愿望，不求大富大贵，但求四季平安、满年通顺。看罢花卉又是双狮戏球，这两头狮子的造型，憨态可掬，生动有趣，组合灵活：一只在下，头左尾右，横立在画面之中；另一只头下、足上，倒立其上，它们的头相错连接，身体组成"互"字形；拱眼壁的左侧则是

图2-166 旗杆院拱眼壁·砖雕飞鸟、人物

图2-167 旗杆院拱眼壁砖雕·四季平安、双狮戏球

图2-168 旗杆院拱眼壁·砖雕动物、人物

两组绣球，造型独特，为背向涡卷形，一组在下横置，一组紧接其上竖置，略微右倾；两狮头造型简拙概略，狮尾则撑着两片尾翼，像春天刚发芽的小苗的两个叶片，俏皮可爱；这一幅双狮滚绣球，表现夸张，生动活泼，图案化倾向明显（图2-167）。最右侧的拱眼壁浮雕是两个一高一低、长髯拂胸、扬臂蹬腿的武士形象。宽长的腰间大带直垂地面，与那幅倚桌休憩的单人相形成多与寡、动与静的对比（图2-168）。以此来看，这组拱眼壁浮雕的内容丰富，形式和构图自由且

多变化。底层浮雕斗拱的斗上刻绘有红色花卉，斗下面的额枋线脚上，又雕刻着连续的蝙蝠纹样。小小方寸之地，可谓应有尽有。门头虽小，有容乃大。

　　贾四爷院门楼的砖雕也十分精彩，这座门楼的体量和气势都不及贾家大院门楼，但其上的图案独特、紧凑而精致。站在门楼前，只需稍微仰头便可将整座门楼的砖雕尽收眼底。也许正因为如此，这里的砖雕才如此工致精细（图2-169）。贾四爷院门楼的拱眼壁砖雕内容，在窦庄的所有门楼中比较特殊，这里的三处拱眼壁砖雕既不是动植物，也非人物，而是博古纹，左右为书画卷，中间是长方体状的墨宝，均以缠绕飘动的绸带扎束，似乎各自相接；它们和底层斗拱浮雕放置在一起，且起位一致，较为低平。各拱眼壁的面积又较大，由此使得拱眼壁和底层斗拱砖雕有了连绵一体的感觉。这些博古纹，虽然没有局部的细节雕刻，但在造型和工艺上，却考究而细致（图2-170）。其下横枋中间雕刻有双凤来仪，面积不大，纹样对称，两凤相向而舞，它们向上张开双翼，凤

图2-169 贾四爷院门楼砖雕

尾后伸，轮廓清晰准确，多作曲线抹边，姿态绰约美好。中间和两边的空白处，则雕刻有涡卷纹样（图2-171）。再往下就是类似贾家大院门楼额枋处，间隔排列的长方框装饰图案，共六组。每框内，雕刻着植物、花卉、水果。这些纹样的表层已磨损，不过依然可以看出最外侧两边方框内为花草纹样，花瓣雕刻成外边缘高出，里面内凹的样子，使花卉造型有了高低起伏的变化，叶片舒展、翻卷，既写实又概括。中间四组为水果植物，有葡萄、桃子、石榴等，形态易辨识又美观。它们没有贾家大院门楼的额枋砖雕那么饱满、立体感强烈，而是形象比较平缓、起位低平，却更多了一种细腻工致的美感（图2-172、图2-173）。在额枋下面的左右两角，有一对三角形装饰雀替，里面各自雕刻着一匹矫健的飞马和周围一团团的祥云，充满了律动、浪漫的写实主义风格（图2-174、图2-175）。再就是拱门罩浮雕，这半圈纹样和拱眼壁砖雕在内容和形式上呼应，同为丝带束绕的博古纹，拱门罩上的博古纹因为中间没有间

图2-170 贾四爷院门楼拱眼壁砖雕

图2-171 贾四爷院门楼横枋双凤来仪砖雕

图2-172 贾四爷院门楼额枋花卉砖雕

图2-173 贾四爷院门楼植物砖雕

图2-174 贾四爷院门楼飞马砖雕　　图2-175 贾四爷院门楼飞马砖雕

隔，而是纹样之间直接相连，似乎只有一根丝带束缚着不同的博古器物，缠绕飘举，使画面连贯完整不可分割。

退远一点，再次来看贾四爷院门楼的砖雕，各部位的砖雕真是环环相扣，工整精细，繁缛富丽，美不胜收。

离开繁花似锦的贾四爷门楼，来到高大的尚书府上宅门楼前。眼前忽显宏大简括，这座门楼约高9米、宽5米，为砖制门楼，形制单纯。高耸方正的门楼上覆盖人字形屋顶，门楼正面两侧仅以单纯的斜坡状墀头撑起前伸的屋檐，最下面是宽阔的拱形门洞，在屋檐和门洞之间的大面积砖墙上，仅作两处装饰，一是门洞上方嵌入的长方形匾额，内书"尚书府"三字。二是其上窄窄的斗拱砖雕，整齐的线脚下一排精巧的斗拱，斗拱之间是团窠式的拱眼壁砖雕，它们一起高高地镶嵌在门楼的上部，简洁而大方。这里的六眼拱眼壁砖雕，除破损的两处，余下的为植物和动物纹样（图2-176）。这些砖雕呈典型的团窠状，边缘没有轮廓线，自然呈团状，内中的动物纹样清丽娟秀。如图2-177，一只凤鸟亭亭玉立，细细的双腿，美丽的羽毛，优雅的扭颈；另一眼拱眼壁，也是两只耳鬓厮磨的仙鹤，一只伸颈直立，另一只曲颈俯身，两只鹤一横一纵，琴瑟和谐，又曲线柔宛。在拱眼壁之间的浮雕斗拱的斗上，也雕刻有花卉纹样，比旗杆院的要细腻得多。圆形边缘则饰以植物纹样。两边为单支的花卉，一边是略有几何形式美的太阳花，另一边是写实而充满装饰趣味的卷边的牡丹

图2-176 尚书府上宅门楼拱眼壁砖雕

图2-177 尚书府上宅门楼拱眼壁动物砖雕及浮雕斗上的花卉砖雕

图2-178 尚书府门楼拱眼壁
花卉砖雕

图2-179 尚书府门楼拱眼壁花
卉砖雕

图2-180 影壁中的拱眼壁文字砖雕

花，皆可见雕艺了得（图2-178、图2-179）。与其他砖雕门楼的砖雕相比较，尚书府上宅门楼的砖雕是一种内敛的装饰，它们服从于门楼整体的简洁庄重，却显示出局部的精细和完美。

此外，在窦庄的独立影壁装饰中，也多有拱眼壁砖雕。比如张家九宅胡同内墙壁上有一处影壁，其上的拱眼壁砖雕为文字纹样，各拱眼间距相等，四个端正的隶书字体由方框围起，均匀分布在各拱眼内，别有一番意趣。虽然文字装饰在建筑中并不少见，但在窦庄很是罕见。（图2-180）

（3）影壁——宅院屏障

说到影壁，在窦庄的建筑装饰中算是比较熟悉了。由前文可知，尚书府下宅门楼、佛庙门楼、贾家大院门楼以及充满异域情调的常家大院门楼等等，它们采用的都是撇山影壁式门楼，即影壁在大门两侧对称而立，和大门形成不可分割的一体，既有装饰的功能，更起到烘托住宅气势的作用。这也是以影壁作装饰，等级较高的一种门楼。

影壁是我国古代建筑的重要组成，具有一定的独立性。它们通常是独立的短墙，有的在大门外，与大门相对，主要出现在规制较高的宫苑和寺庙建筑中；有的在大门内，与大门正对，成为院落的屏障；还有的在大门的两侧，犹如大门的两翼，倍增宅院的气势，即为前面谈及的撇山影壁，这种影壁在窦庄比较多见；还有一些是借山墙或院墙构筑的随墙影壁。不管影壁位处何地，总要和进出大门的人打照面，所以影壁也常常被叫作照壁。影壁位置和形制的选择并非单纯作为建筑入口的处理，同时更多受到社会道德、等级观念的需要和影响，是使用者门第等级的标志。《荀子·外屏内屏》中有："夫子外屏，诸侯内屏。外屏不欲见外，内屏不欲见内。"由于影壁的位置显要，自然装饰性很强。

影壁一般由上面的壁顶、中间的壁身和下面的壁座组成。壁顶同屋顶，样式根据影壁的等级而定；壁身是影壁的主要部位也是装饰的重点区域，通常以壁心和四个岔角为具体砖雕装饰部位；壁座一般采用石质须弥座。

窦庄保存较完整、装饰较为完好的首推贾家大院的撇山影壁（图2-181）。贾家大院的撇山影壁呈"八"字形，左右影壁对称一致，具

图2-181 贾家大院"忠""孝"字撇山影壁

有独立性。影壁尺寸为：通高338厘米，宽218厘米，石座宽340厘米，高68厘米。它们的壁顶屋脊两端原应有吻兽，"孝"字影壁仍保留有吻兽，前伸的屋檐下为斗拱及拱眼壁砖雕；壁身为六角形砖拼接成底，小方框砖雕连接围合成边饰，四岔角有动物砖雕，壁心则分别刻有"忠""孝"二字；壁座为石质须弥座，曲线造型，壶门内两边为反向涡卷装饰，中间似雕有圆浑动物雕像。

影壁的拱眼壁下面为额枋砖雕，是间隔排列、大小均等的六组小长方框装饰图案，题材以植物纹样为主，形成统一的带状装饰，这种形式完全和中间大门的装饰相呼应一致。不过这里的额枋横带状装饰和左右竖带状方框（无砖雕装饰）联结围合，形成壁身的边缘纹样，倒和一般的影壁壁身在形式上大异其趣，大大丰富了影壁的装饰性（图2-182~图2-187）。这一组影壁的精彩砖雕处分别在

图2-182 贾家大院"忠"字撇山影壁的额枋如意卷草纹雕刻

图2-183 贾家大院"忠"字撇山影壁的额枋牡丹雕刻

图2-184 贾家大院"忠"字撇山影壁的额枋莲、石榴雕刻

图2-185 贾家大院"孝"字撇山影壁的额枋喜鹊、菊雕刻

图2-186 贾家大院"孝"字撇山影壁的额枋桃、花卉雕刻

图2-187 贾家大院"孝"字撇山影壁的额枋如意纹雕刻

拱眼壁、额枋、岔角的砖雕。拱眼壁砖雕前文已详述，额枋的砖雕
在雕刻技法和审美上不似大门处的高突、写实、饱满，和影壁其他
砖雕一致，表面趋于平面，更多装饰性。相比之下，岔角的砖雕较
为生动（两侧影壁的上部两岔角砖雕保存完好，下部已漫漶），各
岔角皆为三角形外框，框内雕刻着鱼龙和仙鹤，空白处填刻着朵朵
祥云，这也是窦庄砖雕常见的纹样处理方式。左右影壁两岔角的鱼
龙与仙鹤位置相反，动态有异，既讲究对称又注意变化，两仙鹤皆
展开双翅，然一只头下足上，另一只则头足横平，双翅竖直；两鱼
龙一正首，一回首。鱼龙和仙鹤的局部细节雕刻得较为细致，但整
体造型却略显板滞、生拙。（图2-188、图2-189）

　　与贾家大院门楼单面影壁型制相似的影壁，在窦庄较为多见。其
砖雕独特且艺术性较强的，如九宅胡同内的随墙影壁（图2-190）。

图2-188 贾家大院"忠"字撇山影壁的岔角鱼龙、仙鹤雕刻

图2-189 贾家大院"孝"字撇山影壁的岔角鱼龙、仙鹤雕刻

图2-190 九宅胡同随墙影壁

顺着九宅胡同高大的门楼进去，在深长的巷道里，有一处嵌在墙上的影壁，站在巷口毫不觉察，走近了才忽然发现墙上生花，满壁锦绣。正面看为一字形影壁，壁顶、壁身、壁座皆与贾家大院影壁如出一辙，属同一形制，壁心砖雕虽已毁，却处处独特而精彩。除了前面提到的文字拱眼壁砖雕，其下亦是连续的框状额枋砖

图2-191 九宅胡同随墙影壁额枋如意涡卷、飞马砖雕

图2-192 九宅胡同随墙影壁额枋麒麟、鱼龙砖雕

图2-193 九宅胡同随墙影壁额枋麒麟、飞马砖雕

雕，而每一小框内的砖雕形象的艺术性很强，无论是形象本身还是雕刻技艺堪称精品。这组砖雕共七组，以动物为主，对称分布，两端为如意祥云纹，接着是一对飞马，再往里是麒麟呼应，中间为鱼龙。这些神兽都被雕刻得饱满而生动，层次丰富，技法细腻。每一动物下面都有细致的线刻底纹，似云纹又像水波，密密匝匝填满全部空白处，线纹上面是撑满画框、栩栩生动的动物造型。且看两匹飞马肥壮矫健、恣意飞纵，

图2-194 九宅胡同随墙影壁下岔角祥云砖雕

图2-195 九宅胡同随墙影壁上岔角 凤砖雕

马首回转、鬃毛飘扬，四蹄腾空、祥云绕身；再看那雄麒雌麟，挺胸曲腰、目瞋口张，遍身鳞甲、片片如真，体壮足劲，左右腾云；中间一条龙鱼江中游跃，鱼身曲动，龙头张扬，满身鳞片、似在翕动，对称的鲮纹仿佛用玉梳捋过，整整齐齐，和做底的水波纹上下辉映，层次丰富细腻，图案精致鲜活。（图2-191~图2-193）

额枋砖雕下面就是影壁装饰最精彩的壁身了，壁身的装饰主要在壁心和四个岔角处，这里的壁心雕刻已毁，下端两岔角也明显磨损，可见三角形外形内团状的祥云簇拥，中间云纹高高凸起、往边缘慢慢如卷草舒展平缓（图2-194）。壁身保存较好的是上端两岔角的砖雕图案对称，雕刻精细，只见一对凤相向而舞，优雅伸长的脖颈，片片羽毛如同一一绣制，羽尾纹路似乎精心梳理，凤尾如绸带回转飘逸横置于画幅上端，每一个细节都是重点、都被精心雕刻，虽没有额枋雕刻那种起伏饱满的体感，却多了平面起位上精细的修饰，优雅唯美（图2-195）。中国艺术造型中的写实和装饰、吉祥与浪漫，在这些小小的方框中、墙角处，如此生动、长久地静静绽放着。

在窦庄的街巷中时有这种样式的影壁，但毁损者居多。基本区别在

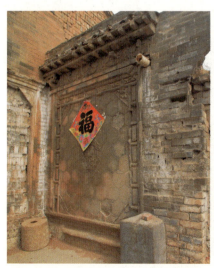 

图2-196 窦庄影壁　　　　　　　　　图2-197 窦庄影壁

图2-198 旗杆院院内影壁

壁心装饰上，有的壁心有砖雕纹样（图2-196），有的壁身仅以斜方砖、或六边形砖拼接而成，无壁心砖雕纹饰（图2-197）。

窦庄影壁中，独特者如旗杆院的院内影壁（图2-198）。其壁顶为硬山顶，屋檐下两端为精彩的人物墀头砖雕装饰。壁身倒寻常，斜方砖做底，壁心被加了一块黑板；四岔角有图案，上端为对称的龙纹，怒目嗔口，盘曲岔角；下端为婉约对称的如意纹（图2-199）。砖墙至地面砌起，所以此影壁并无壁座。再就是窦氏祠堂的院内影壁，从壁顶到壁座

图2-199 旗杆院院内影壁岔角上端龙纹、下端如意纹砖雕

全部为砖砌，简单洗练，壁身则为镂空砌砖组成的图案，既有屏障功能又通透巧妙。（图2-200）

此外，在街巷中还有一种壁饰，它们采用的是影壁壁身的基本样式，也就是在墙面上装饰一块方形图案，在方形的四个岔角上，再雕饰三角形的图案纹样。如图2-201，方形的壁身铺设六边形砖，上端两岔角雕刻有瞋目张口的龙鱼形象，下端两岔角则为环抱簇拥的吉祥如意云纹。这种图案内容和构置，在窦庄的砖雕装饰中较为普遍和多见。（图2-202~图2-204）

图2-200 窦氏祠堂院内影壁

影壁是窦庄古建筑的重要组成，一方面它们丰富了建筑显性的层次

图2-201 窦庄外墙装饰

图2-202 窦庄外墙装饰

图2-203 窦庄外墙装饰

图2-204 窦庄外墙装饰

图2-205 常家大院门楣彩绘砖雕·飞马

图2-206 常家大院门楣砖雕

感，增加了宅院的气势；同时又可以遮挡来来往往人们的视线，是对院内私密性的屏蔽；层次和遮挡也因此形成了建筑含蓄的意境之美。而影壁本身的结构、砖雕装饰更是既给人愉悦的审美享受，又将道德教化、吉祥祈愿融于其内。此外，零散个别的砖雕不再赘述。（图2-205、图2-206）

3. 石镌乾坤看窦庄

随着文明的发展和人们审美能力的不断提升，作为人类栖所的建筑，艺术性日益凸显。以木结构为构架形式的中国古代建筑体系，逐渐突破材料和功能的限制，越来越趋向于装饰表现，木雕、砖雕、石雕在后期各类建筑中争奇斗艳，相互辉映。看过窦庄古堡木雕的通透灵动、砖雕的厚重饱满，接下来该欣赏这里的石雕艺术了。

由于石材料的天然性，以及其具有防火、防水、防腐、坚实、耐久等性能，很早就被用到建筑中，商朝时宫室建筑中已经采用天然卵石做柱础。我们也常常会发现，在建筑的外露部件、需要特别坚固的部位或一些小品雕刻更多会选用石材料，比如地面、台基、台阶、栏杆、石柱、石础、门墩石等，也比如独立的牌坊、华表、护门兽石狮等。

和窦庄的木雕、砖雕艺术相比较，石雕作品在数量上远远不及前二者，应用的范围也较小。遗存较多的是柱础、散见门墩石和牌坊残迹。

（1）柱础

柱础是中国传统建筑中柱子在地面的承载物，它位于柱子和地面（或台基）之间，使柱子落在坚实的石面上，既可防止柱子下陷并分担部分来自屋顶的负荷；又可将地面和木柱隔离开，防止地面的潮湿慢慢腐蚀木柱。这种功能型的建筑部件在发展过程中，也逐渐增强了其审美性。

由于中西方古代建筑系统的主要构架材料不同，导致了装饰部位的相异。西方古代建筑，是多以石结构作为主要构架方式的，比如古希腊的围柱式神庙建筑，确定了其后西方建筑中石柱柱式的基本样式，装饰的主要部位在柱头，柱头通常会被雕琢得如同花篮般簇拥盛放。这一点，在窦庄也可略窥一斑，常家大院与寅宾院门楼的西式柱柱头就都有雕饰，虽简率似瓜形，但装饰部位不同于中式建筑。在中国古代建筑的柱式系统里，装饰的主要部位却在地面的柱础，柱础的样式和雕花刻镂是石刻装饰的重要组成。

窦庄的柱础样式比较集中统一，多数为圆鼓与须弥座组合的复合样式。材质以青石居多，也有沙石质，前者耐磨损保存较好，后者则易风化。

佛庙主建筑廊前为四根红色石柱支撑，明间两侧左右的两根石柱，柱身做均等分割的凹槽和起棱处理。外侧两根石柱为抹边四棱柱，正面有阴线刻纹样，纹样以圆形和菱形为元素，一边以圆形相套叠，内刻花卉；另一边以圆形和菱形互相交叠，形成有变化的几何纹。两柱相对应的内侧镌刻着文字，是一副对仗呼应的对联，柱面上刻着相衔接的菱形框，每一框内又刻有花卉形或弧边菱形，对联以楷体文字一个一个均匀置放在框内。两柱上所刻

图2-207 佛庙石柱纹样饰面

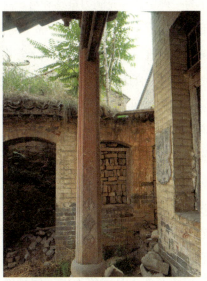
图2-208 佛庙石柱文字饰面

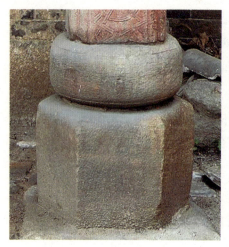 

图2-209 佛庙柱础　　　　　　　　　图2-210 慈母堂柱础

内容分别是"积善之家必有余庆"和"积恶之家必有余殃"，劝人向善，晓以利害，功德千秋（图2-207、图2-208）。石柱底端就是石柱础，这一组柱础样式统一，造型较为单纯，只有形状没有雕刻，由两部分组合而成，上部是扁鼓形，下部是六面包袱形（或说灯笼形），均为不作修饰的素面。圆鼓作为一种乐器，充满力量感和喜庆感，大概和胜利、喜庆、辟邪等相关；而下部的包袱形，"袱"与"福"同音，则取"包福"之意；若做灯笼形理解，不仅造型简洁美观，又预示着光明。无论做哪种解释，来佛庙的人，总是希望讨个喜庆、顺意，如愿而归。（图2-209）

　　比较多见的是圆形扁鼓和须弥座组合的柱础。一种是扁鼓加四边形须弥座柱础，在慈母堂和常家大院院内可以见到，它们基本形制相同。前者上部的扁鼓上覆卷边荷叶，细长的叶脉络向四周延伸，起起伏伏的曲线荷叶边垂在圆鼓边缘，恍如从荷塘里采摘来的一般栩栩如生；下部的须弥座四面开壶门，四角抹边上刻有重复规整的如意卷纹，须弥座四足下垫一层方形沙石底座（图2-210）。后者上部的扁鼓完全仿制鼓的样子，就连鼓框和边缘的鼓钉也一样不少，不过年长日久，被磨损得若有若无；下部为单层须弥座，同样四面开壶门，壶门边缘作弧线处理，四

图2-211 常家大院柱础　　　　　　图2-212 圆鼓加须弥座柱础

角抹边，壸门中间被下垂的三角形巾角遮挡，斜线和圆弧线穿插变化，使得柱础虽为素面，却多了几分变化。（图2-211、图2-212）

　　常家大院正房前廊石柱的柱础是圆鼓加六边形须弥座形制，比之前面所述，这些柱础以雕刻饰面，较为细致、华丽（图2-213）。上部的扁鼓除了鼓框和鼓钉，中间鼓肚处刻满平雕纹样，下部的六边形须弥座的每一面壸门内皆有独立的高浮雕动物。（图2-214~图2-216）扁鼓鼓肚上的纹样有主次之分，每一鼓肚上共三组主体纹样，以花卉和动物为主，中间以几何纹间隔开。图2-217中，可见密匝重复的"套环纹"将两边的花卉纹样间隔开；图2-218中，两侧是上下重复斜置的"万字纹"，围合中间一对展翅对向飞舞的凤，双凤周围布满祥云；图2-219、图2-220中，几何套环纹围起的主体纹样是构图饱满的富

图2-213 常家大院柱础

图2-214 柱础局部

图2-215 柱础局部

图2-216 柱础局部

图2-217 柱础

图2-218 柱础

贵牡丹；图2-221、图2-222分别为枝繁叶茂的月季花和争相怒放的菊花。这些纹样采用类似线刻的平雕技法，主体纹样保持石面原来高度，细节处则施以线刻，其余部分石面被略微剔掉薄薄的一层做底。这一组鼓肚处面

图2-219 柱础局部

图2-220 柱础局部

图2-221 柱础局部

图2-222 柱础局部

图2-223 慈母堂石础

饰起位低平、构图饱满、刻绘细致，而密布规整的几何纹样衬托着繁密自由的动植物纹样，主从有序、相映成趣。下部须弥座壶门处则雕饰着不同的高浮雕动物纹样，这些动物全部独立呈现，无任何衬景，造型洗练概括，略带夸张，憨态可掬，不过比较遗憾的是，风化磨损明显。扁鼓上面雕饰的平面感及构图饱满的画面，和须弥座壶门里动物形象的独立造型和立体感，形成了鲜明的对比和丰富多变的艺术效果。

此外，还有一种四边形束腰须弥座柱础，两头粗中间细。从上到下，一层层退回又一层层展开，慈母堂和寅宾院都可见这种柱础，慈母院的须弥座柱础保存较好，每一部分层次分明，形状完整（图2-223）。

图2-224 寅宾院柱础

图2-225 寅宾院柱础

相比而言，寅宾院的柱础风化残损明显，倒貌似一块块天然整石。（图2-224、图2-225）

（2）门墩石

在窦庄，还可以看到几处石刻中很有代表性的门墩石。门墩石也叫门枕石，位于大门左右门框下面，是门下面的主要装饰部件。门枕石是横在大门内外的一块长条形石块，中间有凹槽置放门的下槛，门内一头低于门槛，上面有凹穴用来承托大门的转轴，门外一头一般会比门内那头高出很多，是其装饰的主要部位。有身份地位的人家，门外这一头总会装饰美化，以此区别尊位。当然门枕石的里外部分原本都是起到支撑和平衡作用的。

旗杆院门前立着简单方整的形似书箱的长方形门墩石，正面可以看到脱落了狮头浮雕的痕迹，这是较为普通的一种。图2-226、图2-227、图2-228中的门墩石造型和雕饰与旗杆院的一样，只是尺寸上高了一些，连同正面的浮雕狮头造型也似乎一致，只见这狮头凸出，鬃发卷曲，双目圆瞪，口衔铜环，护门兽雕刻的添加，既打破了方形门枕石的单调，又增加了的大门的美观与威严。（图2-229）

实际上，最多见的门枕石装饰，是狮子和圆形石鼓。武魁院门前就二者兼有，外面是高大的门枕石，因其以圆形石鼓做装饰，也叫抱鼓石。靠里一些是一对雄壮的石狮门墩石，不过石狮的头部早已遗失，甚为遗憾（图2-230）。我们曾在张家九宅门楼前驻足，是否还记得在高

图2-226 旗杆院柱础

图2-228 贾家大院门墩石

图2-227 旗杆院门墩石

图2-229 衔环狮头

高悬起的斗拱门头下也有门墩石呢？对，不仅有，而且造型繁复，精雕
细刻，是门墩石里比较独特而有气势的抱鼓石，左右各一，里外皆有，

图2-230 武魁院抱鼓石和石狮门墩石

图2-231 张氏九宅抱鼓石

对称而立，一侧抱鼓石残高156厘米，宽36.5厘米，深77厘米，要不是残损，高度不止于此，气势也绝不限于此（图2-231）。此抱鼓石分为三段，底座为束腰须弥座，座上铺有方形锦巾，座面中间下凹呈弧形，正好上置竖立的圆鼓，圆鼓顶部内侧刻有如意形，外侧雕刻有趴在如意上的石狮；座、鼓、狮、如意结为一体，紧靠雕饰繁缛的立柱。锦巾柔垂，石鼓如真，趴狮顽皮；鼓皮中央雕刻着情态逼真的动物纹样，石鼓背上垂延曲绕的飘带，石座、如意和立柱表面雕刻着起凸较高、缠绕的枝蔓，其中夹杂动物和人物，纹饰繁缛，内容丰富。虽有残损，却仍然是富贵门第的重要符号（图2-232~图2-234）。其他大院门前抱鼓石多为此类，不一一冗述。（图2-235）

最后要提及的是石雕牌坊，它是封建社会主要为纪念和表彰功勋、科第、德政以及忠孝节义而立的建筑物。有时也作为寺庙的山门或标明地名，和西方的凯旋门有相似处，都呈门洞式，属于纪念性建筑。窦庄原本不止一处牌坊建筑，可惜如今仅剩一处残留。前后抱鼓

图2-232

图2-233

图2-234

图2-235 东街南院宅门抱鼓石

图2-236 残牌坊

图2-237 铁皮乳钉门

图2-238 旗杆院铺首饰件

石中间夹杆石，形制样式同张氏九宅门前抱鼓石，这些原是起稳固支撑作用，并极力装饰美化的石雕小件，现在只留下风化过的断杆残石和飘摇的过往。（图2-236）

图2-239 寅宾院大门 乳钉 铺首饰件

图2-240 常家大院主院正房"勾连搭"侧墙檐顶装饰

三雕是建筑装饰艺术的同义语，除了我们一一列举的三大材料，各种主要结构、构件的装饰和美化。还有一些无法归纳进去的装饰，比如大门的装饰，就涉及金属材料，有以铁皮包门，并装饰以乳钉的（图2-237），也有局部叩门的门环和其底座铺首的变化（图2-238、图2-239），以及檐顶侧缘的装饰等等（图2-240）。

窦庄堡三雕艺术集中展示和体现了窦庄古堡建筑装饰的魅力，它们像璞玉，只有走进靠前，才能不断发现惊喜。悦目并非目的，达意才是所有雕梁画栋的宗旨，对身份地位的标榜、对封建秩序的维护、对美好人生的祈愿等等，都渗透到不同的材料、具体的构件之中，都物化为种种刻镂雕饰、装饰美化。

三、大美无言银窦庄

穿行在窦庄古堡那或纵或横，且长且窄的巷陌中，悉心浏览那一个个曾经举尽家财、经营多年，甚至几代才建造起来的二层楼四合院，深深被那花样别出，雕工讲究的木、砖、石雕刻图像所吸引，又为留存有如许众多的古老宅院的窦庄深感庆幸，这些具有浓厚传统文化底蕴的遗存，无疑已成为当今窦庄人的骄傲……一次次地徘徊往返，一次次地摩挲那碰掉了口鼻，却仍显生趣盎然的门墩石上的小卧狮，再抬头仰望主人大门额枋牌匾上赫然醒目的大字："敦睦""怡善""耕读""安吉贞""笃实辉光"……先人的为家之道，先人的希冀与理想，先人的精神世界，让人生出深深的敬意和感动。那么，这些艺术遗产究竟表达了些什么？通过艺术的分析与欣赏，有哪些东西值得我们整理记忆？哪些东西又应是我们永远应该去珍视、继承、发扬的呢？（图3-1）

1. 建筑类型 一应俱全

窦庄村的外围，乍看是个平常无奇的小村落。如无人引荐，我们也许

图3-1 窦庄（三圣阁）

会匆匆路过，不再回头。可就在这个安静的自然村里，在历史上，竟然走出许多了不起的人物，他们及其后代，建造起多达六七十座非常了得的民居建筑，包容了他们生活所需的方方面面。可谓麻雀虽小，五脏俱全。这里的民居古建，类型丰富，一应俱全，功能完备，应有尽有。现存的两万多平方米明清建筑，包括有：住宅院落、宗祠庙宇、公共设施、街巷商店等各类建筑。可以让我们非常具体、形象地了解当时人们的生活样态、生存方式及其理想与追求。

其中，遗存最多的是住宅院落。重要者有：尚书府上宅、尚书府下宅、张氏九宅、棋杆院、武魁院、常家大院、贾家大院、慈母堂等，这些建筑的主人大多为朝廷命官，他们的宅院在建筑样式、尺度和装饰风格上，大部分都是根据其当时的官阶等级建造和设计装饰的。从中可以让我们了解民居建筑，因等级和身份的不同，建筑的样式也会因此有别。其共有的特点是：建筑结构，多采用砖木结合的材料；院落格局，多为"四大八小"的二层楼房四合院；而单体建筑则以三开间二层、硬山式屋顶为主；建筑装饰，普遍都具有含蓄、庄重、精美的艺术风格和样态，并充分让我们领略了当时中国传统民居建筑装饰，已达到了怎样的设计和装饰水平。

宗祠建筑，是记录家族辉煌历史，与进行传统礼仪祭典的圣殿。窦庄现存的宗祠建筑，只有窦氏祠堂。窦庄古堡原先主要就是窦姓家族和张姓家族共同营建的，遗憾的是张氏祠堂已毁。中国自宋代以来，家族祠堂的修建就很兴盛，特别是显赫的家族，一般都有自己的宗祠建筑。而注重其装饰和文化内涵的结合，成就了它本身的建造特点，由此使得宗祠建筑，最终成为城乡建筑中一道瑰丽的人文景观。不过窦氏祠堂的遗址犹在，可惜仅能看到其简洁的砖砌门楼、门楼上镌刻的"安吉贞"砖匾，以及大门正对的院内砖砌的镂空影壁了。"安吉贞"出自《周易》中的《坤卦》，或说这三个字，包含着对坤卦的完整解释。坤卦象征地，意为元，亨通。坤厚载物，顺承正道。如果以至柔至顺的地道（本体，心），悉心观察研究以顺应天道（客体，客观世界）的变化，就会寻找到正确的规律和解决的方法，以生化万物，推进家族向平安、吉利的正道发展。其中，包涵了窦氏先人的持家之道，和追求内心的宁静、厚道、从善、从良的做人原则和传统，令人肃然起敬。

宗教建筑，也是窦庄古堡中的一个重要内容。据说原来所存数量更为可观。这些规模、形制不一的庙宇和殿阁，包涵了历史上村民们丰富复杂的多神信仰。现存遗迹，主要有佛庙、观音堂、财神庙、三圣阁、张仙阁等。宗教信仰是人类社会意识形态的表现形式之一，作为特定历史时期中的宗教建筑，集中反映了中国古代社会儒释道三教思想信仰的样态。窦庄古堡众多宗教建筑的存在，正是古代社会宗教信仰的具体体现。佛庙在前面已有所提及，作为明清以来三教合一的宗教建筑，其始建年代要早到元代，虽有毁损，规模仍具。此为一进院落，撇山影壁式斗拱门楼，巍

图3-2 观音阁（麻林森摄）

然立于街道之中。院内建筑由正殿、耳殿、东西配殿、东西廊坊组成。正殿石柱挑檐，形成前廊，与两侧建筑主次呼应、规整有序。观音阁仅为一两层单体建筑，二楼上供奉观音，建筑体量虽小，但因位于十字街和北街交汇处的民居汇集处，非常显眼（图3-2）。三圣阁，雄伟高耸，阁内供奉着白衣观音，以及左右分别为道教文曲星、民间"诞生神"张仙等三位尊神。它位于村口的西北处，坐北朝南，共三层。顶部北为攒尖顶，与南面卷棚顶相连，并以檐柱为主，撑起东、西、南三面通透的高亭，北面则封以砖墙；中间一层南北面开有小窗，东西两侧为砖墙；底层是通往东、西、南三面的砖券拱形门，三门又呈"丁"字形，三圣阁的这种形制格局，也充分体现了窦庄村古堡的防御性能。

窦庄的公共建筑，亦显示了其类型的丰富性和功能的特殊性。首先是位于村北的古公堂，前面在窗棂、雀替等建筑构件中不止一次涉及，大家应该很熟悉了。这一处建筑有直通屋顶的石柱、延展前伸的飞檐、雕镂刻绘的窗棂和雀替，两边高出的耳房，使得古公堂壮观、精丽、独特。正房是主审厅，两耳房为协议厅。在公堂西侧还有地牢，是关押犯人的场所。公堂、地牢这种私设完备的"法庭"，在其他乡村中极为罕见。

此外，窦庄古堡在北宋筑城之初，所围筑起来的空地，就是练兵的武场。所以，尽管这个格局现已无存，但明代张家再次建堡时，仍然沿袭了当年尚武、护卫家园的使命。比如留存下来的武房院，就是专供练武之用的。窦庄人世世代代勤勤恳恳尊奉"耕读"传家之道，所以有武宅，亦有文院，私塾自然少不了。张氏九宅的书房院就是一例。习武读书之余，还得满足基本的生活需要，这类的建筑诸如当铺院、磨坊等。

另外，戏台是过去居民生活必不可少的公共娱乐场所。据记载，村西北处原有座祭祀张氏先祖的大庙，庙内曾建有两座戏台，新中国建立后，被拆散移址重建。较为遗憾的是，村内还有数处曾立有的牌坊，如今只能见到星星点点的残迹了。

最后，就是串联起这种种建筑的公共通道的各种街巷了，如南街、北街、集上街、十字街等等。

综上所述，窦庄古堡，规模虽小，但青砖瓦舍，长石铺道，各类建筑，一应俱全，让人真真切切地看到了沁水地区，明清民居建筑所达到的文明程度。

2. 装饰样相 拙中藏秀

窦庄古堡民居的外墙高大素朴，不事装饰。但从门楼开始，满眼的雕镂刻绘，无处不在。入得院内，从地面的门墩石、柱础，到门、窗、栏杆，再到墙角的墀头、屋脊的吻兽，都有精心设计雕刻的花纹图样。细细观赏，你会发现，每一雕刻都是根据建筑所处的位置，所应具有的实用功能，加以装饰的。

前文中，我们已经从木雕、砖雕、石雕三方面，分门别类，对窦庄古建筑装饰艺术做了粗浅分析。总体上看，其装饰类型、样式、题材、手法和形象的塑造，在随着具体建筑部位和部件的安设中，主要有几何抽象纹样和写实夸张纹样两种。但无论是抽象的，或是写实的，其装饰样相，在整体上，都呈现出类型化的特点。具体看，考究，但不够精细；简括，然则生动有趣；装饰风格内敛含蓄，拙中藏秀。

决定窦庄建筑装饰艺术特点的，主要是花纹装饰所依附的对象。即：对于建筑装饰而言，无论什么样的题材内容，总须依附于某一种建筑部位，或是建筑部件本身。前者如额枋、拱眼壁、墀头等；后者如雀替、门枕石等。但无论是哪种情况，为了实现这些部件或部位的实用功能，其装饰必然是有限的。具体到图案纹样的安排和雕镂，也要受到其形状、空间、面积的限制，因此这些装饰形象通常需要概括，以省去细节。但雕刻家化短为长，采用了突出或夸张物象特点的手法，以使图像生趣盎然。而在人的眼中，各种建筑部件，高低不同，雕刻工匠们也会就此大做文章。如：柱础上的雕刻，离人视线近，就刻画得细腻一些；高高悬于墙角上的墀头，面积小，离人视线远，上面的人物形象，就概括一些，画面中的物象也少一些，以此来突出所雕刻形象给人的视觉印象。

另外，在窦庄古建筑装饰中，规格化和重复的现象较为普遍，主要表现在栏杆和窗格纹样的选择。窦庄最多见的是花式栏杆，它们的棂格纹样，系同一种纹样的不断重复所形成的带状装饰。窦庄栏杆的云拱，最多见的，是蝙蝠形象。多数概括、图案化，不断重复出现。不仅一处的栏杆，在整村、整个晋东南地区都在重复。而在窗饰中，每一独立的窗洞，总由棂格几何纹样上下左右重复延伸而构成。比如万字纹、风车锦等纹样；或者由于窗格自身的限制，简化或图案化了的纹样会不断重复在不同的窗格中。其中，灯笼锦最常见。还有很多，如：风纹、狮纹、飞马、鱼龙、牡丹等形象，经常会在不同的建筑部位、不同的空间里反复出现。再有，如门楼的结构和样式，也是模式化的重复。那些斗拱门楼、砖雕垂花门楼，如不仔细看，基本都大同小异。

简而言之，窦庄建筑装饰的风格和样相，具有概括、夸张、简化、图案规格化的特点。究其缘由，首先，是受建筑的实用功能的限制决定的；其次，与人的视线距离的远近有关。

另外，决定这些建筑装饰艺术整体特点和水平的重要因素，还取

图3-3 乔家大院骑马雀替

图3-4 常家大院立体楼阁墀头　　　　　图3-5 王家大院门枕石

决于出资人和制作者。窦庄的建筑装饰艺术为民间艺人所为，他们的
眼界、见识和技术水平自然不比皇家御用的工匠，而户主的门第、家
财有别，所用艺人的水平不一，也会影响到具体民居装饰艺术的水平
和效果。

　　再从具体部位的装饰看，很多部位或部件的样式较为单一，雕刻也比
较简略。比如雀替，窦庄仅几种基本的样式，其上的纹样也变化较少，主
要采用浅浮雕手法刻绘花卉卷草纹样。而在晋商大院中，雀替不仅形式多
样，还会增加许多附件，题材广泛，技法多样，浮雕、镂雕都有应用，雀
替雕刻精细繁复（图3-3）。再比如常家大院的墀头多为立体楼阁式，即
炉头部位是三面或两面可以装饰的立方体形状，而且正面图案多为高浮
雕，此外还有圆雕、镂雕、浅浮雕等多种技法的结合（图3-4）。不过
这里的题材正好与窦庄以人物为主的题材相反，是除人物之外的其他题
材。此外，其他建筑部位或部件的装饰也存在这种情况（图3-5）。与晋
中晋商大院的那种层叠、繁杂、精细的雕饰比较，窦庄的民居装饰反倒

在单纯、简略、拙朴中透露出内敛与清秀的书卷气。

3. 适用审美 相谐成趣

窦庄作为历史文化名村，古建筑群落甚为完整，以村为堡，防御功

图3-6 过街楼

能非常完善。最具特色的是它的"串串院"结构，即村内各院貌似独立，实则户户相通。村内所有院落内的一层建筑，都互相连通，即院角设有暗门，可以通往邻院，并与登城砖梯连通。院内建筑的二楼房屋，也相互串联，可以进入邻院的二楼；另外，若遇街巷阻断，又会搭建"过街楼"（图3-6）。所以，这里流传着"下雨不湿鞋，串门不出户，一户通百门，百门串遍村"的说法。这也是窦庄建筑隐蔽性的最大特点，即外来者无论是在街巷中，还是在院落中，都不可能轻易明白这其中的奥妙。因此，这里的建筑装饰也相应地具有隐蔽的特点，这在门楼的装饰上，表现得尤为突出。

窦庄堡门楼的设置，根据具体的位置和性质，采取了进深不同的布局和装饰，充分体现了院主人的身份、地位和城堡式建筑的合理性，展示了宏观而独特的审美性。位处村中主巷道内的门楼，通常会有一定的进深。一种是单檐木雕斗拱门楼，如张氏九宅门楼；另一种为平面呈"八"字的撇山影壁门楼，如尚书府下宅门楼，或常家大院中西合璧式门楼。这两种门楼在深窄的巷道里以内嵌式建筑形态存在。若站在巷口远远望去，只见深巷不见人家；只有入巷前行，才会时见巷内隐而雄踞的高门大户。张氏九宅、武魁院等门楼，门头的斗拱层层向上、向外高耸前伸，斗拱的顶端和屋顶一起延伸到与左右墙面齐平，而下面的大门则向内退回。尚书府下宅的重檐木雕斗拱、"撇山影壁"式门楼，其"八"字平面，使大门向里退进约2米，这种设置突出其隐蔽性，同时又不占据巷道空间，还在门前形成一定空间，使进出大门有了缓冲之地，显示主人地位尊贵；同时在左右照壁的陪衬下，使宅门更显深邃、宏阔。

其余不在主巷道内的门楼，或属于某一大院巷内的门楼，如贾家大院、书房院等大院门楼，则没有进深，其门楼装饰会稍稍出离院墙，基本与院墙处于同一平面。

窦庄堡官宅大户门楼内嵌式设计，和其他与院墙基本平齐的门楼，都遵循着不占巷道空间、不显山露水的原则。前者于大面上不露痕迹，大刀阔斧，使整墙整巷纵横交错畅通有序；却在局部巧置隐蔽，精雕细绘。后者则一门一户，如墙上浅缀雕饰，消除了巷道的沉闷。内嵌式门楼和浅浮雕饰的门楼，一深一浅，犹如音律节奏的跌宕起伏，恢宏舒展。在整体规划上，一面体现城堡式建筑独特而巧妙隐蔽的防御性功能，让外来侵犯者迷惑难犯；一面又在设计上精心于各门头变化丰富的雕饰，既通过不同的门楼样式的装饰显示出院主人的地位差别，较为严格地遵循和维护了封建道德秩序，又将窦庄人对生活的美好向往通过具体的图案纹样传递出来。

对建筑艺术而言，适用和审美并非是简单的相加，而是相溶相谐的综合体。

窦庄古民居建筑装饰无论是在整村的布局设计上，还是在具体建筑的部位或部件上都体现了适用审美，相谐成趣的特点。

门本是建筑的通道，却形成了建筑装饰中最重要的一种独立门楼艺术；窗本是通风、采光的，但窗棂纹样的千变万化却不仅美化了窗自身，还将四季接纳其中；栏杆本来是起遮挡、隔断作用的，而越往后发展越重视装饰；雀替更是连名称都变得形象而美好，普通的替木丝毫不甘心默默的存在，变身为美丽的雀鸟，张开漂亮的双翅穿梭在梁枋之间；斗拱原本只是承托枋和椽子的，后来却偏于装饰性，还成了建筑等级的区分标志；门枕石、柱础也打破一成不变的形状承托门轴和柱子，不断变化着各种样式，雕镂出种种纹样……进一步，比如窗棂的纹样要和采光通风相一致，面积又大，自然采用透空的几何形棂格纹样更合适；墀头炉口的形状，作为主要装饰部位，总是做成方方正正的，恰好适合用来雕刻个把故事。所以，我们在窦庄墀头装饰中，看到了很多的神话传说和历史故事，看到了许多生动有趣的人物形象……因为必须依附，建筑的每一处装饰就只能"妥协"，为了"妥协"得恰到好处，发展成独特的建筑装饰艺术，让功能不再枯燥无趣，让审美合理合情。

在审美形式和功用的融合中，题材内容总是我们更为关注的。窦庄民居建筑装饰涉猎了相当广泛的题材内容，天上地下，想象的、现实的，几何纹、动物纹、植物纹、人物纹，包容万象。它们因所在的位置不同，所依附的部件形状功能差异，所采用的雕刻技艺不同，呈现不同的形态表现。它们或抽象、简约、图案化，或具象却概括又夸张。形式、内容、功能和谐相融，浑然生趣。但这审美和功用的融合，并非是建筑装饰的最终目的，而包罗万象的题材也绝不仅仅是因为它们具有可以塑造的审美价值。窦庄古民居那些林林总总的各处装饰，丰富全面的题材内容，千姿百态的图案纹样，整体上保持着素朴和内敛，体现着独特的审美性，还承载着比审美更重要的意识。

4. 官商宅院　文脉相承

建筑，首先是为满足人的实际使用功能建造的。建筑艺术，则是在此基础上，按照美的规律，运用建筑艺术的独特语言，使建筑形象具有文化和审美的价值的过程，它具有象征性和形式美，并体现出特有的民族性和时代感。简言之，建筑的审美性和文化性，在很大程度上，是通过建筑装饰加以实现的。建筑装饰，则是在完善建筑物的物理性能和使用功能的基础上，对建筑物的美化。它是我们生活中不可缺少的一部分，是人类品味生活，品味人生的重要组成部分。我国的古代建筑装饰，以悦目的形式，在民居中传递和表达着特定的封建思想和民俗文化情趣，反映了一定社会历史时期和环境下，多样的地域文化和思想意识。

当中国宫廷建筑逐渐走向规格化、程式化的时候，民居建筑艺术却在工艺材料和技术的不断挖掘和进步中，大放异彩，成就突出。尤其是在明永乐至清康乾盛世几百年间，山西民居作为中国北方民居的杰出代表进入鼎盛期。山西的乡土建筑类型丰富，独具地方特色。其建筑布局、空间组成、造型艺术、雕刻艺术等都有独到之处，且数量庞大，保存完好。此时，晋商的足迹遍及全国，经济实力和权势异常雄厚，他们凭借自己的实力和见多识广的经验在家乡大兴土木，建造家园。在当时晋中地区的几个金融中心，出现了著名的祁县乔家大院、渠家大院，太谷的曹家大院，灵石的王家大院，榆次的常家大院等晋商名院。这些大院建筑，规模大，质量高，装修和装饰十分讲究，三雕艺术精细繁密，应是山西民居的典型代表。而这次在晋东南沁水地区的考察中，所见到的诸如柳氏民居、湘峪古堡、窦庄古堡民居，进一步丰富了山西明清民居的表现样态和装饰内容。

以晋商大院为代表的山西民居建筑，具有以下艺术特点：

（1）灵活对称的院落布局

现存的山西明清民居，大多以院落式空间为基础，即传统的四合院形式。平面布局，一般采用中轴对称的形式：正房坐北朝南，东西两侧置厢房。在此基础上，作重组和混合，由此出现二进院、三进院、串串院等建筑群落，并将中国古代伦理和道德观念，纳入这些民居建筑装饰之中。由于山西特定的山地地形，以及气候干燥、四季分明的自然环境和条件，使得山西民居在接受中规中矩的四合院的常规格局中，表现出相对的灵活和自由，如四合院与窑洞形式的结合；同时晋商们常年外出经商，见多识广，阅历丰富，思想开明，起院建宅时博采各地民居的建筑艺术精华，从而使得山西民居建筑在平面布局的形式上，不拘一格，风格多样。

（2）雄浑质朴的外观形象

山西民居的单体建筑，多为二层或三层；宅院的外部形象，多数相对高大、厚重、朴实。究其原因，首先，可能对当时建筑的规制了解不深，或观念淡薄；二是晋商的富有和炫富心理、名门官宦的富足和光宗耀祖的家族使命，使得他们有充足的资本或理由，建高房、置产业；再者，山西自古战事频发，而经商和为官的男子又经常出门在外，因此民居多注重防御性和安全性。因此，大多院落墙体高大、厚实，外墙不作装饰，墙头还设有垛口。更典型的如窦庄，整村就是完全按照城堡来设计建造的。

（3）雕绘精丽的建筑装饰

在这些高大雄浑、厚重简朴的院墙内，上上下下、高高低低，处处有着精雕细刻、熠熠生辉的建筑装饰。这些木雕、砖雕和石雕艺术，使得山西古民居，大放异彩。

山西古代的能工巧匠们，运用木、砖、石等不同的材质，在富商望族们的居所的每一处，尽施才华，雕梁画栋。木雕的使用，广泛而灵活，多出现在显眼处。木质相对柔韧，着色有一定的渗透性，精镂细刻，容易取得艺术效果。各种抽象的、具象的、重复的、独立的木雕，常常结合着华美的彩绘，富丽而堂皇。但相对而言，山西大院中的木雕比重不很大。

由于山西的烧窑技术历史悠久，十分成熟，遂使砖雕成为山西古建筑中的主要装饰。古代工匠就地取材，大量的建筑部件，采用砖雕作为装饰，顺理成章。所以，砖雕在晋商大院的运用，十分普遍。其风格多样，有简约清新者，又有繁复冗丽者，遍布建筑的上上下下。

石雕主要集中于栏杆、门墩石、柱础这些部位，具有独特魅力。这些雕刻彩绘，无不精刀细镂、制作精良，沉稳繁丽、华彩夺目。木雕、砖雕、石雕汇聚一起，各领风骚，相得益彰，三雕艺术使得山西古代民居呈现出浑厚隽美、古朴儒雅的气质。（图3-7、图3-8）

山西民居建筑装饰艺术不仅工艺考究、制作精良，而且题材多样，内容丰富。徜徉其间，可以看到自然界中的各种植物，如：梅、莲、菊、松、桃、果、牡丹、灵芝等；各种动物，如：狮、鹤、鹿、猴、狗、马、鹰、雀、鹊等；还可以看到许多想象出来的瑞禽神兽，如：龙、凤、麒麟、鱼龙、飞马，奇花异草等；或是简化、抽象的几何纹样；还有百姓喜闻乐见的各种历史人物、神话故事形象。它们有时具象幻真，有时夸张

图3-7 祁县·渠家大院主院门楣镂空木雕 （引自张道一《中国古代建筑》丛书）

生动，有时抽象婉转，有时简化单纯，
总在美的形式中包含着不同的寓意和象
征。如石榴寓多子多孙，鲤鱼跳龙门比
喻飞黄腾达；又常以谐音比拟，如莲和
鱼组合寓连年有余，松鹤同在寓益寿延
年。而那些经典故事场景，生动传神，
多姿多彩，又总是做人的榜样。

（4）官宅商院 文脉相承

晋商大院是以商人为主修建和装饰
的古代民居，是一姓家族的院落住宅。
高大厚实的院墙，围合着一进到三进的
四合院院落（渠家大院有极罕见的五进
式穿堂院），它们多由大门倒座、过

图3-8 榆次·常家大院土地神
神龛砖雕 （引自张道一《中国古代
建筑》丛书）

厅、垂花门、正房、厢房组成。厢房后墙与正房、过厅、倒座山墙齐平，
形成窄长的院落。那些较大的院落，则由几组院落并列而成。仅从规模和
格局来看，这些建筑群宏大、严整、殷实、气派。不过，也总有别具新意
的自由，比如常家庄园，其院落和院落之间，多有菜园、植物、花卉、流
水、桥舍、亭榭等等，充满南方园林的雅致绮丽之美。但它们主要服务的
是某一姓家族的生活起居，所须设备，一应俱全。相比较而言，窦庄的民
居建筑，其风格特点，更多地体现在以村为堡的宏观安排和设计上，即整
体格局完整，严密隐秘又灵活变通。从整个村落的独立建筑类型的齐全角
度上看，它们不仅满足了全村人的基本生活起居，还有对他们的信仰崇
拜、公共娱乐、商业等生活方面的需求。因此，窦庄古民居的重要人文价
值是，比较完整地再现了明清时期，沁水一带农业自然村落自给自足，且
较完备的建筑形态。

在具体的建筑装饰方面，窦庄民居和晋商大院相比较，就好比书籍的
两种包装设计，前者系简装版，后者系精装版，无论包装如何，书的内容
各举其重，书的质量不分上下。晋商大院的三雕，类型复杂、数量庞大、

装饰繁密、雕刻精细、标新立异，从而展现出宏阔、富丽、精美的艺术特点。窦庄的三雕，类型化明显、装饰简朴、雕刻精略不一，体现出敦厚、淳朴、雅致的艺术特点。晋商大院作为山西民居的主要代表，更多展示的是富商豪门的建筑风采，而窦庄以及晋东南的古民居建筑，则更多传递的是官宅望族的审美文化。

官宅、商院的建筑装饰，虽然在材质、形式和技艺特点上有所差异，但在题材内容及整体风格上大致趋同，由此也折射出在特定的历史时期中，审美风尚的趋同性。当然，其中，既带有特定社会的共同性质，也带有特定地域的风韵和特色。

一方面，是对封建礼制和社会伦理道德的维护和表达。以礼治国是本，礼是儒家正统思想对天人关系、人伦关系、统治秩序的规定，并以此来制约、维持社会的稳定。其次，在家族中的礼制又表现为尊祖敬宗、长幼有序、男女有别、尊卑有等。忠孝仁义则是封建道德的具体表现，臣忠君，子孝亲，兄弟仁、朋友义。这些体现在晋商大院和窦庄平面布局和空间分布上，体现在建筑的具体类型上，体现在大大小小各种构件的限定上，体现在其上题材内容的选择上……还直接体现在匾额文化中，如乔家大院有"古风""履和""慎俭德""为善最乐"，渠家大院有"学吃亏""善为宝""慎俭德"；常家大院有"世和堂""谦和堂"；王家大院有"尊祖合族""积德累功""为善最乐"；而窦庄有"耕读""敦睦""雍肃""怡善""安贞吉"等，这些大院的匾额题记有独立的、也有重复的。由此也可看出，同样是对儒家文化的弘扬，商院的匾题一般和经商结合，很多题词较为直白，而窦庄官宅的匾题则传达了耕读传家的理念，文辞雅致。

二是表达了山西人民对美好生活的向往和追求，基本上就是福禄寿喜几种。具体体现为：

对仕途功名的追求。在窦庄，鱼龙形象很多见，取"鲤鱼跳龙门"的典故，以奋发读书求中举、取官名。还有不断出现的飞马形象，腾云驾雾，寓"马到成功"。窗棂中的直棂纹、方格纹都有正直和刚正不阿的寓意，也是窦庄人为人和为官的态度。再如莲花和鹭的组合，谐音"一路连升",比喻了仕途顺利,一路攀升。晋商大院也有诸如"鹭鸶戏莲"的纹样,以及"平步青云""辈辈封侯(猴)"、文房四宝等雕饰,以求官商结合,稳求财富。还有博古纹的频繁出现,乔家大院的这一题材及雕饰工艺更是巧夺天工,华美精致,将儒和商很好地融合在一起。

对财富的祈盼。晋商大院的主人以商人为主,自然表达的是招财进宝、财源广聚。比如,富贵牡丹、刘海戏蟾等题材。常家大院在晋商大院中是比较独特的,他们除了经商,还出了很多进士、举人、秀才,以及书画家。因此,常家大院的建筑装饰,品位高雅、书卷气息浓郁,并有着开放的视野,将南北风格集于一院。在现存的砖雕护栏上,还雕饰着精细生动的福、寿、喜、禄等图案。而在窦庄,除了这些通用的题材,因以务农为主,以"耕读"传家,所以与他们密切相关的就是风调雨顺、五谷丰等、年年有余等题材。早期灯笼锦纹样的出现,就和丰收有关,寓意五谷丰登。窦庄的窗棂纹样中,变化为抽象几何纹的灯笼锦,在很多院落中都有应用。

再有就是对平安生活的渴望,希望健康长寿、家庭美满、多子多福、平平安安等。在乔家大院大门对面的照壁、常家大院的影壁上,都有直接表达长寿的"百寿图",它们均由不同的单个"寿"字组成。无论晋商大院,还是窦庄大院的窗格上,都有规整的万字纹的出现。单个的"卍"符号,向上下左右重复延伸,表示富贵不断头之意。还有石榴、葡萄寓意子孙绵延;墀头上的鸳鸯、和合二仙,都是对美满家庭的祝福;而在窦庄见到的大量蝙蝠,又是"福"的谐音;花瓶里插月季,自然是"四季平安";还有风车锦纹样则寓意满年通顺。

此外,很多的装饰图案,将种种吉祥美好的愿望,汇聚在一起来传达。比如乔家大院很多正门上的木雕,多以博古架展开,人物为中心,杂以花卉、果品等。窦庄贾家大院门楼上的砖雕,各类题材丰富,龙、鱼龙、凤、麒麟、飞马、鹿、鹭、家禽,牡丹、梅、莲、菊、兰、竹,日、月、如意等。松鹤延年、鹿鹤同春、福禄寿齐聚一处等,也都是经典的综合型图案。这些图案技法多样,寓意齐备,综合传达了人们对美好生活的憧憬和期盼。

　　晋商大院和窦庄古民居高墙围合、密闭的建筑形式，严谨、规整的院落布局，丰富多样、精细或拙朴、富丽或雅致的建筑装饰，也透露出山西人特有的敦厚、智慧、内敛和勤勉的性格特征。

　　山西官宅商院建筑装饰中，三雕工艺技法细腻、各有所长；图案丰富，构思精巧；有大面积整体恢宏和谐的雕饰，亦有小面积局部精细的点缀，使民居建筑物在实现其适用、坚固功能的同时，还形成了变化多端的美的景致，且象征意义突出，具有较高的实用价值和艺术价值。每一种造型，每一处图案，都从不同的角度传达了匠人娴熟的技艺，展示了精湛的雕刻艺术。这种种精雕细琢的艺术，正是院落主人对家族的昌盛愿望的传达，也是一种与家人特殊的对话方式。它们传递着或淳朴、清新、雅致，或富丽、浑厚、精致的审美情趣，充溢着浓郁的民俗气息和民族艺术特色。不仅仅愉悦视觉，并寄予吉祥美好、祈福求祥，在传递艺术情趣的同

图3-9 祁县·渠家大院观光第门罩、院内院（引自张道一《中国古代建筑》丛书）

图3-10 窦庄门楼

时，寄寓着对美好生活的追求。从中以寓教于乐的方式，宣扬封建礼教，化导民众。窦庄堡的官宅和晋中的晋商大院，以地域和建筑艺术的差异，以互补的方式，共同铸就了明清时期优秀的山西民居建筑艺术，是美的艺术形式，更是包罗万象的教科书，它们所蕴含的深厚文化内涵，至今仍有着一定的传承意义。（图3-9、图3-10）

主要参考文献

1. 窦氏家谱, 乾隆二十六年编撰

2. 田同旭, 马艳主编. 沁水县志三种[M]. 太原:山西人民出版社, 2009

3. 谢红俭, 晋城古堡[M]. 太原:山西古籍出版社, 2005

4. 张芷岷, 李树涛主编. 美术辞林·建筑艺术卷[M]. 西安:陕西人民美术出版社, 1993

5. 张廷玉（清）等, 明史[M]. 北京:中华书局, 1976

6. 薛林平等著, 窦庄古村[M]. 北京:中国建筑工业出版社, 2009

7. 张道一, 唐家路主编. 中国古代建筑·木雕[M]. 南京:江苏美术出版社, 2006

8. 张道一, 唐家路主编. 中国古代建筑·砖雕[M]. 南京:江苏美术出版社, 2006

9. 张道一, 唐家路主编. 中国古代建筑·石雕[M]. 南京:江苏美术出版社, 2006

10. 张道一, 郭廉夫主编. 古代建筑雕刻纹饰[M]. 南京:江苏美术出版社, 2007

11. 楼庆西著. 中国传统建筑装饰艺术·门窗艺术（上、下）[M]. 北京:中国时代出版社, 2013

12. 楼庆西著, 中国传统建筑装饰艺术·砖石艺术[M]. 北京:中国时代出版社, 2013

13. 楼庆西著, 中国传统建筑装饰艺术·雀替·栱眼壁[M]. 北京:中国时代出版社, 2013